私の戦後史

私的体験を通して

宇佐美ミサ子

私の戦後史　私的体験を通して　もくじ

序章　プロローグ

戦後六八年を経た。戦後とは何だったのか。戦後は、私にとってどういう意味があるのか。戦後を自分自身の問題として、どう捉えたらよいのだろうか。まず、自分自身へのこの問いかけから始めたい。これは、私自身の問題だけにとどまらず、戦後を生きてきた人びとにとっての基本的な課題でもある。にもかかわらず、曖昧でこの命題の解明は至難である。個人個人の歴史的体験によって、人それぞれの戦後があり、戦後に対する認識が異なるからである。

高橋哲哉氏他が編集している季刊誌『前夜』３号に「戦後」特集が組まれている。高橋氏は『前夜』での「戦後」特集を組んだ意図を「主権在民」「基本的人権の尊重」「男女平等」「思想信条の自由」など、本来なら「戦後民主主義」に含まれていたはずの「普遍的諸価値」を「現在の危機から救い出すことを目的としている」と述べ、戦後六八年間続いてきた「非戦」という「条項」が廃棄されていく現実の「危機的状況」を訴えている。

それればかりではない。氏は、「教育基本法の改悪」の動きに対しても警告を発し、「戦後民主主義はいま総崩れの危機」にあると述べ、このような「危機的状況」を招来した理由として、つぎの二点をあげている。

第一は、保守派、改憲派の攻勢の高まり。

第二は、new liberalism 側からの攻撃。

そして、これらの言説に対して、それをどのように受けとめ抵抗しているのか。と現実の抵抗の弱さについて、問題提示をし、「戦後」という「時間的」「空間的」認識の問い直しの必要性を説く。氏のこのような『前夜』での問題提起は、本質的な問題として、現実の改憲派の動きに対して我々は真摯に受けとめねばならない。（注1）

確かに六八年という歳月は、人間の歴史の流れからみれば、ほんの一コマに過ぎないが、個人史ではあまりにも長い。絶対的な支柱であった国家（大日本帝国）・家族。それが一九四五年八月十五日を契機にもろくも崩壊した歴史的事実を、単に回顧的に私的な「記憶」だけにとどめておいてよいのだろうか。現在〈いま〉、戦後六八年の「記憶」の普遍的再生、つまり「記憶」を本質的な問題として問い直す作業の必要性がありはしないか。

しかしながら、私的な体験を踏まえ、自身の回路を通しての「歴史的事実」の「記憶」が果たして「科学的歴史証言」として、どれほど語り継がれることができるのだろうか。「在るがままの事実」を戦後六八年の思考過程のなかで、貧しい知性で、情念を超え、地平を開くことができるだろうか。私には、はなはだ心許なく、いささか荷が重い。しかし、私は徹底的に追及していきたい。現実の危機感が痛いほど肌を刺すからである。

一九四五年八月十五日「敗戦」を民衆はどう受けとめたのか―私的体験からの発言

一九四五年八月十五日の受けとめ方は、世代・学歴・職業・男性・女性・学生などによって認識の在り方が全く異なる。一九四五年八月十五日以降の「記憶」の再生は、報告者にとっては、大変重い作業で、あまりにも私は非力である。久野収(故)氏は、「京大、滝川事件をめぐって」(『発言』一九八七年　晶文社)の中で、「自分のいる時代の地形は目に映るのだがその位相は時代のただなかで近親的になる限り、なかなか、はかることはむずかしい」と発言していたが、確かに当時(六八年前)の位相で「記憶」の実証的再生はむずかしい。そこで、以下の報告はあくまでも、私的体験に終始していることを予めお断りしたい。

〈補足〉本原稿は、二〇一三年、戦後六八年目に執筆したものであって、その時点での文章に、本年(二〇一五年)、若干の補正を加えた。本年は、戦後七〇年目である。

第一章　私の戦後

1　一九四五年八月十五日　その日

「ねえ、日本は負けてしまったのね」。一九四五年八月十五日、ラジオから流れてくる正午の「玉音放送」を私と一緒に聞いていた友人が私に尋ねた。多分そうだろうと思ってはみたものの、私には「現人神〈あらひとがみ〉」の不思議な声が耳に張り付いていて、戦争に負けたなどとは、夢想だもしなかった。戦争の終結は私にとって全く理解しがたいもので、友人の問いに即時には解答できずにいた。ただ、その場で同時にラジオを聞いていた数人の尋常ではない行動に、「これは只事ではないな」と、異常を感じとっていたことも事実である。

大日本帝国の不滅を心底から信じきっている私の脳裏には、「勝利」という文字以外にはなかったのである。隣家の中学生が定期便のように桜の木に登り、額に手をかざして、「B29襲来。目下東京方面を目指して進行中」という声も今日は聞けずにいた。放送が終わり、私は身のおきどころもなく友人と小田原駅方面へ歩いていった。

手拭を口に当ててすすり泣きながら歩いている中年の女性。防空頭巾を振り回しながら行く人。半ば壊れかけた黒板塀を足蹴にしている中学生。その場に座りこみ号泣している初老の男性。雑踏の中を弾丸のようにトラックが走り去り、あたふたと数十人の兵士たちが私の目の前を疾風の如く駆け抜けていった。

私は、四年前（昭和十六年十二月八日）の開戦の日の光景を思い出し、あのときの緊張感を再び肌で感じていた。

「いよいよ本土決戦よ」友人と二人して頷きあった。しかし、それにしても、これから「戦争」と対峙し身構えようとするときに、すすり泣くだろうか。号泣するだろうか。あのときの人々の高揚とは明らかに異質なシチュエーションであった。ラジオから流れていた甲高い声は確かにこう言っていた。

「タヘガタキヲタヘ、シノビガタキヲシノビ」（耐へ難キヲ耐へ、忍ビ難キヲ忍ビ）と。

これを、どう解釈すべきか。「本土決戦」か。「戦争終結」か。

陽も落ち、私は帰宅し玄関の扉を開けると、髪を乱し、憔悴しきった母が土間に座りこみ「負けたのよ」と、誰に言うともなくつぶやいていた。感性の鈍い私は、しっかり者の母の魂の抜けた正常とは思えない行動に戸惑い、「やはり負けたのだ」と実感はしたものの、私にはその事実を明確に判断する意識が欠如していた。私が、心底から「敗戦」を認識できたのはまだ先のことであった。

ラジオのスイッチを捻っても雑音ばかりで、私は薄暗い茶の間で昼食の残りの雑炊をすすりながら、外を眺めて驚いた。私は、そこに映し出された別の街をみたからである。昨日までは、暗黒の闇に包み隠されていた小田原の街に微かに明かりが燈り、美しい光景が醸し出されていたのである。

それは、アンデルセンの童話のファンタジーの世界であった。

母と私は、狭い茶の間の電灯を覆っていた黒い布をはずし、電灯のスイッチを捻った。わずか三〇Wの電球が六畳の部屋の隅々まで照らしていたのである。

「あっ」と声を発したもののあとに続くことばがなかった。私は言い知れぬ深い感動を覚えた。

母と私は、同じ「想い」(歓びか)を共有していたのかも知れない。床の抜けそうな茶の間で二人は思わず軍歌を歌いながら、はしゃぎまわった。

終戦の詔

昭和二十年八月十四日

皇宗ノ神霊《しんれい》ニ謝セムヤ是《こ》レ朕カ帝國政府ヲシテ共同宣言ニ應《おう》セシムルニ至レル所以ナリ

朕ハ帝國ト共ニ終始東亞ノ解放ニ協力セル諸盟邦ニ對シ遺憾ノ意ヲ表セサルヲ得ス帝國臣民ニシテ戰陣ニ死シ職域ニ殉シ非命ニ斃《たお》レタル者及其ノ遺族ニ想ヲ致セハ五《ご》内爲《だいため》ニ裂ク且《かつ》戰傷ヲ負ヒ災禍ヲ蒙《こうむ》リ家業ヲ失ヒタル者ノ厚生ニ至リテハ朕ノ深ク軫念《しんねん》スル所ナリ惟《おも》フニ今後帝國ノ受クヘキ苦難ハ

固《もと》ヨリ尋常ニアラス爾臣民ノ衷情《ちゅうじょう》モ朕善《よ》ク之《これ》ヲ知ル然《しか》レトモ朕ハ時運ノ趨《おもむ》ク所堪エ難キヲ堪エ忍ヒ難キヲ忍ヒ以テ萬世《ばんせい》ノ爲ニ太平ヲ開カムト欲ス

朕ハ茲ニ國體《こくたい》ヲ護持シ得テ忠良ナル爾臣民ノ赤誠《せきせい》ニ信倚《しんい》シ常ニ爾臣民ト共ニ在リ若《も》シ夫《そ》レ情ノ激スル所濫《みだり》ニ事端《じたん》ヲ滋《しげ》クシ或ハ同胞排擠《はいせい》互ニ時局ヲ亂《みだ》リ爲ニ大道ヲ誤リ信義ヲ世界ニ失フカ如キハ朕最モ之《これ》ヲ戒ム宜《よろ》シク擧國一家子孫相傳《あいつた》ヘ確《かた》ク神州ノ

朕《ちん》深ク世界ノ大勢ト帝國ノ現状トニ鑑《かがみ》ミ非常ノ措置ヲ以テ時局ヲ収拾セムト欲シ茲《ここ》ニ忠良ナル爾《なんじ》臣民ニ告ク

朕ハ帝國政府ヲシテ米英支蘇《そ》四國ニ對シ其《そ》ノ共同宣言ヲ受諾スル旨通告セシメタリ

抑々《そもそも》帝國臣民ノ康寧《こうねい》ヲ圖リ萬邦共榮ノ樂《たのしみ》ヲ偕《とも》ニスルハ皇祖皇宗《こうそこうそう》ノ遺範《いはん》ニシテ朕ノ拳々《けんけん》措《お》カサル所曩《さき》ニ米英二國ニ宣戰セル所以《ゆえん》モ亦實《またじつ》ニ帝國ノ自存ト東亞ノ安定トヲ庶幾《しょき》

スルニ出《いで》テ他國ノ主權ヲ排《はい》シ領土ヲ侵スカ如《ごと》キ
ハ固《もと》ヨリ朕カ志ニアラス然《しか》ルニ交戰已《すで》ニ四歳
ヲ閲《けみ》シ朕カ陸海將兵ノ勇戰朕カ百僚有司
ノ勵精《れいせい》朕カ一億衆庶《しゅうしょ》ノ奉公各々《おのおの》最善ヲ盡《つく》セル
ニ拘《かかわ》ラス戰局必スシモ好轉《こうてん》セス世界ノ大勢亦《また》我ニ利ア
ラス加之《しかのみならず》敵ハ新ニ残虐ナル爆彈ヲ使用シテ頻《しきり》ニ無辜《むこ》ヲ殺傷シ慘害
ノ及フ所眞《まこと》ニ測ルヘカラサルニ至ル而《しか》モ尚交戰ヲ
繼續《けいぞく》セムカ終《つい》ニ我カ民族ノ滅亡ヲ招來《しょうらい》スルノ
ミナラス延《ひい》テ人類ノ文明ヲモ破却《はきゃく》スヘシ斯《かく》ノ
如クムハ朕何ヲ以テカ億兆ノ赤子《せきし》ヲ保《ほ》シ皇祖

不滅ヲ信シ任重《にんおも》クシテ道遠キヲ念《おも》ヒ總力ヲ將來ノ建
設ニ傾ケ道義ヲ篤《あつ》クシ志操《しそう》ヲ鞏《かた》クシ誓テ國體
ノ精華ヲ發揚シ世界ノ進運《しんうん》ニ後《おく》レサラムコトヲ期スヘシ爾臣
民其《そ》レ克《よ》ク朕カ意ヲ體セヨ

裕仁　天皇

御璽

昭和二十年八月十四日

内閣総理大臣男爵　鈴木貫太郎
海軍大臣　米内光政
司法大臣　松阪廣政
陸軍大臣　阿南惟幾
軍需大臣　豊田貞次郎
厚生大臣　岡田忠彦
国務大臣　桜井兵五郎
国務大臣　北近司岐三
国務大臣　上村　宏
大蔵大臣　廣瀬豊作
文部大臣　太田耕造
農商大臣　石黒忠篤
内務大臣　安倍源基
外務大臣兼大東亞大臣　東郷茂徳
国務大臣　安井藤治
運輸大臣　小日山直登

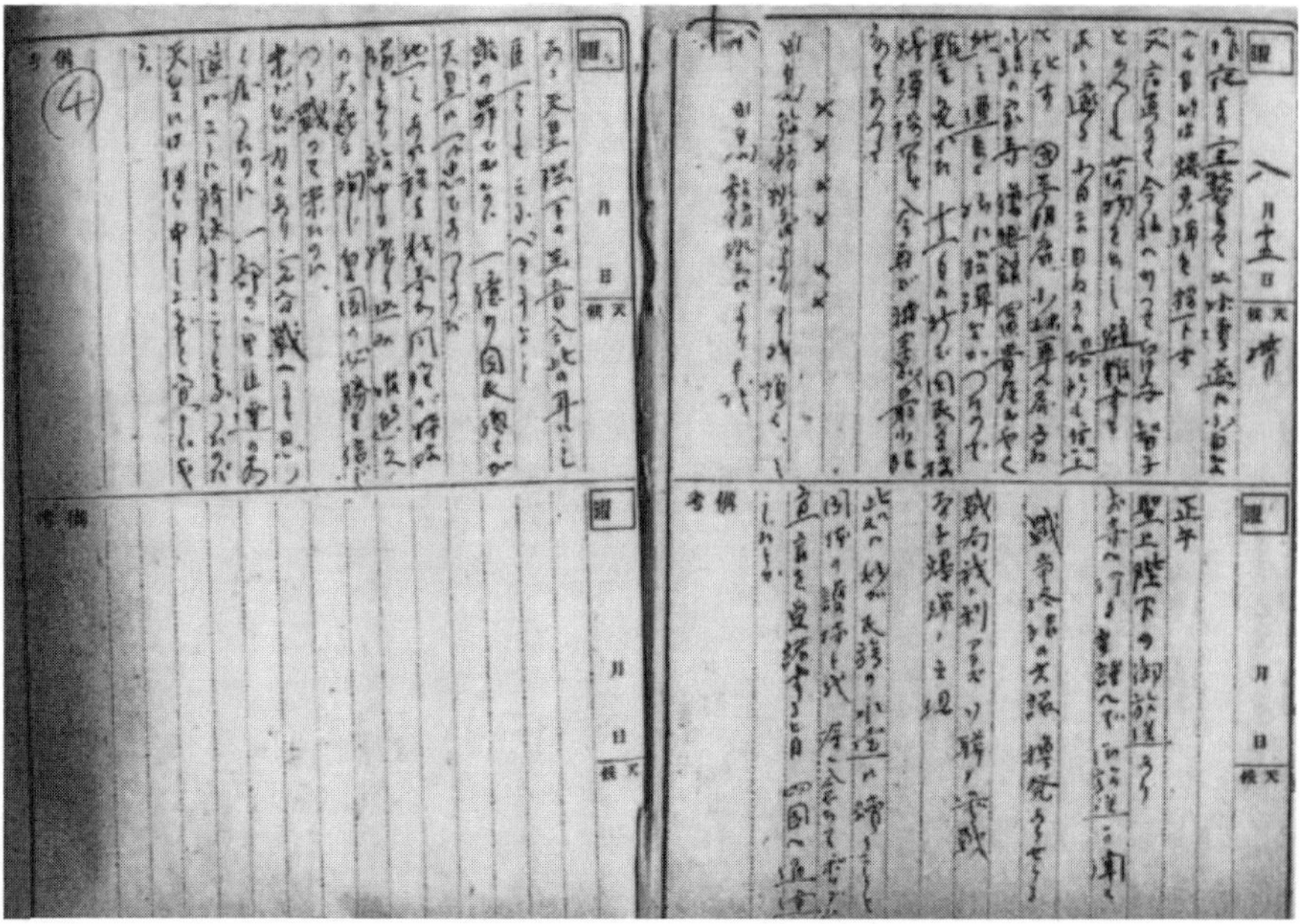

田中美代子さんの 1945 年 8 月 15 日の日記（提供：田中美代子さん）

私の大先輩の田中美代子さん（小田原市城山在住）は、この日の思いを日記につぎのように記している。（注２）

八月十五日（晴）正午

（略）聖上陛下の御放送あり。

お寺へ行き謹んで御放送を聞く。戦争終結の大詔、煥發あらせらる。

戦局我ニ利アラズ、ソ聯ノ参戰原子（ママ）（新型）爆彈ノ出現

此処に我が民族の永遠に續くことを國体の護持、我、深く念ぢてポツダム宣言を受諾する旨四國へ通達したとか・・・。

ああ　天皇陛下の玉音今此の耳にし臣下として云ふべき事なし

誰の罪でもない。一億の國民總てが天皇に不忠であったのだ
然し　あれ程に我等が同胞が特攻隊となり敵中に殴り込み
唯悠久の大義に殉じ皇國の必勝を信じつつ戰って来たのに
未だ兵力もあり充分戰へると思って居たのに
一部の重臣達の為逆にここに降伏することになったのだ。
天皇には何と申し上希て宣しいやら。

文学を志す田中美代子さん

翌日、早朝から小田原駅周辺でのけたたましい音。これはただならぬと、私は、鼻緒の切れかかった下駄を突っかけて、小田原駅の広場にかけていった。そこは、群衆で埋めつくされ興奮のるつぼと化していた。汗と埃にまみれた軍服を身にまとった兵士たちの怒声。「戦争ハ終ッテイナイ」「戦争ヲ続行セヨ」「大日本帝国ハ不滅ダ」「神国日本ノ勝利」「天皇陛下万歳」。チラシを配布する人びと。戦闘機から散布するビラ。空中に乱舞する檄文の数々。それを追いかけ転倒する人。一方で、「朝鮮万歳」のビラもまかれ、あらゆる情報が錯綜していた。私は、乱れ飛ぶビラを追いかけては拾い集め、家に持ち帰り、一枚一枚、丁寧にひろげ、大声で読んでいた。何の疑いも抱かず、敗戦の意味も理解でき

ない私の戦後は、こうしてはじまった。

しかし、あの日の夜、わずかでも電灯がつき、よく眠れたことで、単純に母と踊っていたが、十五日以降の目まぐるしい社会の動きに、虚脱感のみで、空腹を満たすことだけが私の生活のすべてであった。

そして九月。ぼんやりした日々。

2　占領とニューレジウム

一九四五年九月二日、米戦艦ミズーリ号の巨体は、東京湾に浮かんでいた。堂々とした戦艦にだれもが圧倒された。そこで、戦争終結を決定したポツダム宣言をつぎに示す。

ポツダム受諾に関する八月十日付日本国政府申入

（訳文）
帝国政府ニ於テハ常ニ世界平和ノ促進ヲ翼求シ給ヒ今次戦争ノ継続ニ依リ齎ラサルヘキ惨禍ヨリ人類ヲ免カレシメンカ為速ナル戦闘ノ終結ヲ記念シ給フ
天皇陛下ノ大御心ニ従ヒ数週間前当時中立関係ニ在リタル「ソヴィエト」錬（ママ）邦政府ニ対シ帝国

トノ平和恢復ノ為斡旋ヲ依頼セルカ不幸ニシテ右帝国政府ノ平和招来ニ対スル努力ハ結実ヲ見ス茲ニ於テ帝国政府ハ
天皇陛下ノ一般的平和克服ニ対スル御祈念ニ基キ戦争ノ惨禍ヲ出来得ル限リ速ニ終止セシメンコトヲ欲シ左ノ通リ決定セリ
帝国政府ハ一九四五年七月二十六日「ポツダム」ニ於テ米、英、支三国政府首脳者ニ依リ発表セラレ爾後「ソ」聯政府ノ参加ヲ見タル共同宣言ニ挙ケラレタル条件ヲ右宣言ハ　天皇ノ国家統治ノ大権ヲ変更スルノ要求ヲ包含シ居ラサルコトノ了解ノ下ニ受諾ス
帝国政府ハ右了解ニシテ誤リナキヲ信シ本件ニ関スル明確ナル意向カ速ニ表示セラレンコトヲ切望ス

米英蘇支四国ニ対スル八月十四日附日本国政府通告

「ポツダム」宣言ノ条項受諾ニ関スル八月十日附帝国政府ノ申入及八月十一日附「バーンズ」米国国務長官発米英蘇華四国政府ノ回答ニ関聯シ帝国政府ハ右四国政府ニ対シ左ノ通通報スルノ栄光ヲ有ス

一　天皇陛下ニ於カセラレテハ「ポツダム」宣言ノ条項受諾ニ関スル詔書ヲ発布セラレタリ

二　天皇陛下ニ於カセラレテハ其ノ政府及大本営ニ対シ「ポツダム」宣言ノ諸規定ヲ実施スル為必要トセラルベキ条項ニ署名スルノ権限ヲ与ヘ且之ヲ保障セラルルノ用意アリ又　陛下ニ於カセラレテハ一切ノ日本国陸、海、空軍右官憲及官憲ノ指揮下ニ在ル一切ノ軍隊ニ対シ戦闘行為ヲ終止シ、武器ヲ引渡シ、前記条項実施ノ為聯合国最高司令官ノ要求スルコトアルベキ命令ヲ発スルコトヲ命ゼラルルノ用意アリ①

降伏文書調印に関する詔書

朕ハ昭和二十年七月二十六日米英支各国政府ノ首班カポツダムニ於テ発シ後ニ蘇聯邦カ参加シタル宣言ノ掲フル諸条項ヲ受諾シ、帝国政府及大本営ニ対シ、聯合国最高司令官カ提示シタル降伏文書ニ朕ニ代リ署名シ且聯合国最高司令官ノ指示ニ基キ陸海軍ニ対スル一般命令ヲ発スヘキコトヲ命シタル朕ハ朕カ臣民ニ対シ、敵対行為ヲ直ニ止メ武器ヲ措キ且降伏文書ノ一切ノ条項並ニ帝国政府及大本営ノ発スル一般命令ヲ誠実ニ履行セムコトヲ命ス②

御名御璽

昭和二十年九月二日

内閣総理大臣　稔彦王　国務大臣　公爵　近衛文麿　海軍大臣　米内光政　外務大臣　重光葵
運輸大臣　小日山直登　大蔵大臣　津島寿一　司法大臣　岩田宙造　農林大臣　千石興太郎
国務大臣　緒方竹虎　内務大臣　山崎巌　商工大臣　中島和久平　厚生大臣　松村謙三
文部大臣　前田多門　国務大臣　小畑敏四郎　陸軍大臣　下村定

私は友人と「ポツダム宣言」他、降伏文書を読み解くことにした。

天皇陛下は、「ポツダム宣言」受諾に基づいて、詔書を発布された。私たちは読みながらまず、①の傍線の部分が引っ掛かった。

なぜ世界に誇るべき、最高の大日本帝国の陸軍・空軍の武器を引き渡し、戦闘行為に終止符を打たねばならないのか。そして、②天皇陛下は、臣民に武器を措（お）き、敵対行為を止めるように指示している。なぜ。敵対行為とはどういうことか。「聖戦」なのに。

この日、日本政府は降伏文書に署名した。

署名した閣僚は、外務大臣重光葵、参謀総長の梅津美治郎らであった。数日を経ての朝刊は、この記事で埋められていた。一面の報道を読み、疑心暗鬼になり、母と私は「これから、どうなるの」と、不安を抱きつつ九月の二学期を迎えたのである。

一夜にして、崩壊した大日本帝国は、私にも大きくのしかかり、母から登校することをすすめられても、腰があがらなかった。九月も半ばになり久しぶりに登校したが、草ぼうぼうの荒廃したグラウンドには、晩夏を惜しむかのようにひぐらしの声と赤とんぼが舞っていた。校舎のガラス窓は破れ無残な姿をさらけ出し、美しかった花壇は、じゃがいも畑に変わり、収穫したあとの様子がうかがえた。

私は、そこで友人たちと再会、手をとりあって喜びを分かちあい、戦争の恐怖、戦時下の辛酸な生活、空襲の苦しみ、焼け跡を逃げまわったこと、勝つことができなかった悔しさなど話題は尽きなかった。常駐していた軍人たちは黙々と荷物をまとめ、荒廃した校舎を、生徒たちが勉強できるようにと清掃し、随時引き上げていった。積もる話は尽きず、私たちは日没まですごし、先生から下校するよう注意され帰宅したが、私たちの共通の話題は、「民主主義」とは何か、「民主主義国家」とはどんな国なのかであった。

誰もが稚拙な論理で、口角泡を飛ばして話していたが、私たちの世代は骨の髄まで「軍国主義」の洗礼を受けているので、「民主主義」の概念を理解する一片の知識すら持ちあわせていなかったのである。「自由気儘に好きなことをやってもいい思想」などと、実に単純で短絡的な解釈をしていた。それ

女たちの現在《いま》を問う会

銃後史ノート

刊行にあたって

「銃後史ノート」……主として戦後育ちの私たちが、したがってほとんど〝戦争〟を知らない私たちが、私たちのささやかな機関誌にこんなタイトルを選んだのは、私たちなりの〝戦後〟があり、その帰結としての〝現在〟があるからです。〝銃後〟ということばは、主に十五年戦争の過程で頻繁に使われ、女たちに「銃後の護り」を強要しました。しかし、十五年戦争が明治以来の日本の「近代」の集約の姿でもある以上、それは十五年戦争の時期に限らず、日本「近代」を通して女たちにつきまとうことばであると考えます。

私たちは母や祖母たちから、かつての戦争で、犠牲を強いられた被害体験の話を聞かされて育ちました。しかし、成長の過程でその戦争が侵略戦争であったことを知り、戸惑いを持ちつづけてきました。現在も、〝銃後〟ということばは消滅しても、体制を支える女の情況はかわっていません。この戸惑いと認識の中から、私たちのグループは生まれました。

母たちは確かに戦争の被害者であった。しかし同時に侵略戦争を支える〝銃後〟の女たちでもあった――何故にそうでしかあり得なかったのか――この機関誌を通じて、これを明らかにしたい、と思います。そして、それは単に過去の〝銃後〟の女たちを考えるだけでなく、すでにかつての母たちの年代に達した私たち自身の状況を明らかにするものでありたい、と考えています。

●生き残った〝銃後〟の女たちと、生き残った銃後の女たちから育った私たちの対話の場として、
●〝銃後〟の女たちになるかもしれない私たち、すでに形をかえてなっているかもしれない私たちを、かつての〝銃後の女たち〟をみることによって対象化するために、
●他者、あるいは他国の人々を踏みつけにしない私たちの解放の方向をさぐるために、

このささやかな機関誌をあらしめたいと願っています。

一九七七年十一月一日

銃後史ノート（女たちの現在を問う会）

よりも、私にとっては、毎夜、ぐっすり眠れることの方が、より重要で至福であった。

しかし、一方、「敗戦」を、屈辱的で抵抗することもなく、スムーズに受け入れることはできないという友人もいた。友人のO（沖）・K（柏木）さんたちがそうであった。優秀な彼女たちは、脳天気の私と違い、崩れゆく自身のアイデンティティにどうしたらよいのか、自己選択に揺れ動いていたのである。このことは、多くの人たちが抱えこんでいた課題でもあった。

そこで、一九四五年八月十五日以降の日本の方向性を探る手がかりとして私は、つぎの資料を提示してみたい。『銃後史ノート』である。『銃後史ノート』とは、一九七七年に、加納実紀代氏（女性史研究家）を中心に結成された「女たちの現在を問う会」が編集刊行した雑誌である。（注3）

それには、「当会は戦争を知らない世代が、戦後をどう捉え、戦争を体験した人びとと焦点を合わせ、共通認識を持ち続けることが可能なのか、リアリステックに考えていこう。多くの戦争体験者から、敗戦への道を探り、戦争と平和について女性の目を通して、生命の尊厳を考え、戦争責任を問う」ということが主旨に盛り込まれていた。

復刊6号「女たちの8・15」特集号には女性たちが8・15をどう受けとめたかのアンケートが掲載され、分析されているので引用させていただく。アンケートの集計によると、すでに敗戦を予想していた女性たちの調査結果は、約四六パーセント、半数にものぼっている。世代別では二〇代が五四パーセント、ついで三〇代、一〇代となると一〇パーセントに過ぎない。一〇代は私たちの世代であり、学徒動員世代、俗にいう「軍国少女」たちである。私たちより年長の世代は、「思考世代」と分析できよう。ノートは、項目をつぎのようにまとめている。

1　後悔・悲嘆・残念　30％
2　驚き・衝撃・困惑　23％
3　安堵・幸福感　22％
4　危惧・心配・不安　13％
5　幻滅・空虚感　13％
6　恥ずかしさ・安堵感　10％
7　天皇が心配・天皇に申し訳けない　4％
8　その他　4％

（『アメリカ戦略調査団報告』）

ノートは、3をプラス評価、1・2・4・5・7をマイナス評価としている。私の評価は、この項目でみる限り、マイナス評価に該当。もっとも強く意識したのは7・4・2である。

3　変革の嵐が吹きまくる

占領軍（G・H・Q）（注4）が、小田原に進駐してきた。ジープに乗った鼻の高い、青い目、真っ赤な顔をした連合軍（アメリカ）の軍人たちが、酒匂印刷局の宿舎に入舎。自治会から、女性は外出禁

止という示達が政府からあったので、外へは絶対に出てはいけないと強く伝言された。嫁いでいない娘をレイプされては大変というので、私は、押入れの中で生活するように強いられ、厳しい残暑のなか、押入れの中で寝食することを余儀なくされた。鬼畜米英の印象は払拭されることはなく、登下校は男性教師が付き添ってくれた。

戦後における変革の嵐は日本中に吹きまくった。厚木飛行場に到着し、タラップを降りるマッカーサー元帥が、サングラスをかけマドロスパイプをくわえた写真が、翌日の朝刊一面に掲載された様相は、いつまでも私の脳裏から離れることはなかった。（注5）

私が、敗戦を意識したのは、九月十一日に東条英機ら三九人の戦争犯罪人が逮捕されたニュースに接した時であった。（注6）

ともかく、敗戦をしっかり受けとめようと友人たちと話しあい、校庭の畑を耕しては、民主主義を学ぶことに必死であった。しかし、私たちにとって、空腹は耐えられず、休み時間になると教師のニックネームに食品名を付けては余談に興じていた。

童顔の小柄な家庭科教師のS（椎野）女教師が、あんぱん。高齢の生物のY（善最〈よしも〉）教師は、色黒で痩せているので、ごぼう。国語のM（村上）教師が、たにし。頭髪の薄い五〇代の教師は、コッペパン。物理Ⅰ（相原）の教師が、三日月。こんな馬鹿らしいことで毎日過ごしていた私たちには、「学知」を求めようとする切実感などは欠如していたようだ。お断りしておきたいが、これは私だけかも知れないが。

それから間もなく、クラスメートの一人が、どこからか噂を聞きつけて、「M（皆川）校長先生、きよう学校を辞めるのよ」と私たちに話した。私たちは一瞬驚き、いよいよ戦争の責任を取るのだろうと考えた。

M校長は、戦時中、私たちに修身を教授していたが、決して軍国主義を鼓吹することなく「聖戦」を静かに説いていたが、軍国主義に染まっている一五歳の少女たちには若干不満であった。むしろ、戦時中とまったく変わらず天皇の臣民であることを誇りとしていた教師の方が魅力的で安堵感があったのである。

しかし、M校長が教壇を去る日、M校長の留任運動をしようと、朝礼をボイコットして近くの白山神社に集まった。賛同したクラスメートは四〇名くらいだったが、誰もアジルわけでもなく、ただ集まっていた。その後、数学の女教師に説得されて、しぶしぶ朝礼に参列。他愛ない女学生の「ストライキ」と言った教師もあったが、そうではない。唯一の私たちの自己主張だったように思う。M校長は、私の記憶では、壇上での別離の挨拶に論語の一節を話された。この日の、高踏的教養派のM校長の姿勢は、現在でも忘却することはない。（注７）

朋あり、遠方より来たる　　有朋自遠方来

また、楽しからずや　　不亦楽乎
学びて思わざれば、すなわち罔く　　学而不思則罔
思いて学ばざれば、すなわち殆うし　　思而不学則殆

静かな口調で、人間が人間らしく生きるための必須条件は、「理性」と「徳」を養うことである。噛んで含めるように穏やかに説く言説。

ダンディーなM校長は、こうして私たちの前から去って行った。

4　模索する民主主義教育

そして、時代は大きく変動する。復員してきた男性の教師は少人数だったので、授業はスムーズというわけにはいかず、新しく赴任してきた教師たちは、大半がアルバイトの学生たちで、大学院に在籍している教員免許のない臨時の代用教員であった。

彼らの授業は破天荒で、私たちからは、常識はずれの教師群像としか言いようがなかった。英語の代用教員・辻先生は、はたきとちり取りで、メンデルスゾーンのバイオリンコンチェルトを口ずさみ、ショパン、リストの曲を、黒板をピアノ代わりに、たたきまくっていた。「先生、英語を教えて」と、

真面目な生徒に言われても、「スプリング、ハズカムだよ」。「フランス革命を講義します」と言いきっていた。

早大院生のＹ（山本）助教は、「ようやく、私は本当の学問ができる。私にもチャンスがまわってきた。レーニンです。革命なんて戦時中はタブーだったからな」。いきいきとロシア革命の難解な話をし、自己陶酔をしていたのではないかとさえ思えた。

国語のＭ教師は、濁声でドイツの反戦詩人ハイネを語り、彼の詩を朗読し、私たちを魅了した。私は、ハイネの抒情詩に惹かれたが、むしろ反戦詩に感動した。戦場で散った戦士たちへの鎮魂歌には、彼の苦悩が読み取れる。英語の教師や西洋史の教師から毎度、聞かされていた「レボリューション」という語句、当初は「リボレーシャン」かと辞書を引いてみたが、見つからず、ようやくrevolutionであることがわかり「革命」と理解した。

女学校での勉強は充実していたので、何も不満はなかった。友人の一人が、兄の本棚からマーガレット・ミッチェルの『風と共に去りぬ』を取り出して教室へ持ってきた。知的な思想や文化に枯渇していた貧しい私たちには、うってつけの書であった。頭脳レベルの高いＯは、アンドレ・ジイドの『狭き門』や、フローベルの『ボヴァリー夫人』などをクラスメートに勧めていた。

私も、亡兄の書棚から読めそうなものを探してみたものの、それ程関心はなかったが、レボリューションには興味関心を持ち、Ｙ助教の講義は、すごく魅力があり、早速、古書店にかけつけた。そのころ小田原には、田代亀雄が経営していた「南天堂」(注８)という古書店があり、そこで求めたのが、戦前の左翼的と言われた作家の著書であった。

終戦後間もなく（昭和 22 年ころか）、祭礼で山車をひいた子どもたちの風景
（小田原市緑町 35 区（現 2 区・3 区）所有）

古書店では、古本は新刊より高値であった。もっとも新刊書は、仙花紙で製本もお粗末で、書籍とはいえないようなものであった。逆に、岩波文庫や改造文庫など、中学生が小脇に抱え闊歩していると格好よかったのである。

私たちは、「あのボーイ、小田中？　小田商？　岩波かしら、改造かしら」とくだらない話ばかりしていた。変なところに興味があり、キザな中学生ほど女学生にはもてたのである。私は読みもしないプロレタリア作家の著作を兄の本箱から取り出して、文章の「××」をクイズを解くようにあてはめて、はまりそうな文字をいれてみて楽しんでいた。「…社会」「…主義」「…革命」「自由」「プロレタリア」「資本主義」などである。

私の家にある蔵書にはこの「××」文字

が多かったが、戦前の書籍なので「××」の伏線が思想・言論・表現の自由の統制であったなどとは、全く見当もつかなかったのである。

こんな遅々とした学習状態であったが主体的に学ぶことの意義を認識しつつあった。すなわち、それは、戦後の混沌と不安と枯渇した社会状況の下、個性ある教育を志向しようと努力を惜しまなかった教師群像の存在を私たちは知ったからである。恐らく、戦時中、思想や言論の厳しい統制下で、沈黙せざるを得なかった教師たちなのではないだろうか。

「鬼畜米英」「野蛮国家」などと、敵愾心を煽られ抱き続け、勝利の日まで、脇目もふらず必死に頑張り続けてきた私たち世代は、「戦後」という大きな変革期に直面し、あまりにも乏しい世界観しか持ちあわせていなかったことを自省した。

私自身、「知」の欠如を意識しはじめたのもこのころであったろう。友人の中には、英語だけではなく、幅広く教養を身につけたいと、原語で西欧の民謡を唱っていた者もいた。一例をあげてみよう。それは、イタリア民謡で、良く知られている「サンタルチア」であった。

「戦争」という巨大な得体の知れない怪物は、人間が本来有している自由な発想や「思考」を停止させ、生きる「理念」を喪失させてきたのである。

この体験から、私たち世代は、八・一五を機に、それぞれの生き方を問い直し、見出そうとトータルなヴィジョンを求めて動き始めていたのである。

それが、なんであるのか、具体的には掴み得る術〈すべ〉を持ちあわせることは至難であったようだったが、本当の意味での自由を希求したいという展望を持ったと考えられる。

そして、これと似た現象を私は、紀元前五〇〇年余の中国に見るような気がした。

紀元前、長期にわたって中国では、戦国の時代が続き、覇者どうしの簒奪〈さんだつ〉が繰りかえされていたが、やがて終焉に近づくと「百家争鳴」と言われる時代がやってきた。この時、孔子をはじめとする多くの思想家や学者が輩出されたことは周知であろう。（注９）

第二章　耐乏生活を生きぬく

1　食糧難と女性たちの動向

敗戦によって、偉大なる不滅の大日本帝国の呪縛からは解き放たれたと大多数の国民は実感したが、めまぐるしい社会の変化に対応できず、耐乏生活に明け暮れる日々であった。特に女性たちには、生きていくため、家族を養うための生活を支える負担が重くのしかかっていた。働き手を戦地へ送り、女手ひとつで、残された家族をいかに「食べさせ」「住まわせ」「着させ」ることができるかに腐心した。

配給制は、戦時中より戦後の統制の方が一層厳しく、生活必需品は極端に不足し、食糧事情は逼迫し、「ヤミ米」を求める人びとで小田原駅はごった返していた。働いても働いても喰えない社会、加えてインフレが激化、僅かな貯えしかなく、だれもが生活苦で先の見えぬ社会に、生き延びることだけを考えていた。

私宅では、来る日も来る日も大根葉と僅かな米粒の雑炊で空腹に耐えていた。私は、帰宅すると母と二人で「買い出し列車」に乗車、田舎へ「ヤミ米」を買いに出掛けた。「買い出し列車」は乗車定員の何倍もの人びとを乗せて発車。これでなんとか凌ぐことができたのである。

このころ、足柄上郡の中井村や同郡松田町、小田原周辺の久野村、多古村、足柄村などの婦人会が「野草食用」というテーマで、講習会を開催している。当時、小学校の訓導であった横原スズは、高等科の女生徒たちと町内の婦人会と共同で野草を摘み、調理方法を研究している。

その野草は、よもぎ・よめな・のびる・いたどり・せり・タンポポ・ずいき・むくげの木の葉・さつまいも・里いもの茎と葉など（現在では優れた健康食である）、主食は玄米。

東京をはじめ全国の都市を中心に「米よこせ」のコールが響き、それぞれのプラカードを持ちデモった。一九四六年五月には「食糧メーデー」が宮城前で開催され、二五万人余の民衆が終結したという。神奈川県では食糧二、五〇〇トンが米軍から放出された（「読売新聞」）。

この「食糧メーデー」では、主婦たちが壇上で乳幼児へのミルクの配給、学童の給食などを訴えている。メーデーのプラカードに「朕ハタラフク喰ッテイル、ナンジ人民飢エテ死ネ」の文字が書かれていたということで不敬罪に問われたという。

私の住む小田原でも、食糧メーデーが行われ、四六年の五月のメーデーで「飢えた人びとを救え」と、主婦たちが、しゃもじや空になったおひつを持って参加。自宅でも、鍋をたたいて母はデモった。『神静民報』に「飢えた民の血のさけび」というショッキングな記事が掲載され、この記事に呼応するかのように、小田原本町国民学校で「飢饉線突破市民大會」が開催され、労働組合、婦人会、青年団などがデモ行進をしている。私は、女子青年団の一人として参加したが、クラスメートから女学生だからアクティブにならないように忠告を受けている。

小田原の婦人会では、緑町婦人会長で歯科医師の黒崎シズをリーダーに、主婦が地区の女子青年団に呼びかけて、「玄米食のおいしい食べかた」「生活の簡素化」を提唱、講習会を毎月開催、主婦たちへの啓蒙活動に努力を傾注した。母は、黒崎の活動に共鳴し、彼女が市会議員に立候補した折には、トラックに乗って選挙運動に夢中であった。

おかげで、私は厨房で炊事をせざるを得なくなり、代用食ばかり義務的に食べていたようだった。代用食は、戦時中と同様のすいとん、自宅の畑で収穫したサツマイモ。また、当時、小学校の訓導であった林スズも、そのころの食生活をつぎのように回想している。

☆ふすま・あわ・ひえ・大豆・とうもろこしと、少しの小麦粉とを混ぜてパンにする。（主食）
☆いなご・はちの子・たにしは、炒める。赤蛙は乾燥し、照り焼きにする。（副食）
☆里いもとさつまいものくきは、キンピラ風にして味わう。（副食）
☆さつまいもの蒸し汁は煮詰めて、水飴にし子どもの間食（おやつ）にした。砂糖の代用食に調味料として使用。

一方、戦後のすさまじいインフレーションは、家庭を預かる主婦たちを悩ませた。預金封鎖により、一か月の生活費の払い戻しのできる金額は家族一人につき一〇〇円であった。

日銀券発行高の急増

年度	物価指数	日銀券の発行高
1945年	308	55,441百万円
1946年	1,839	93,398
1947年	5,099	219,141
1948年	14,956	355,280
1949年	24,337	355,311
1950年	23,909	422,063

出典『神奈川県議会史』続編第1巻より作成（神奈川県議会）

一九四五年、標準米の価格が一〇キロあたり一九円五〇銭だったが、翌年には、三六円二五銭、四七年には、一四九円六〇銭とうなぎ昇りに高騰した。

一九三五年の日銀券発行高は一七億であったのに対し、一九四五年には五五〇億で、三五年に比し三〇倍である（表参照）。

ある主婦の家計簿をみると、一九四五年十一月に一人あたりの食費が三八円八五銭であったのに、翌年四六年五月は一七五円七四銭と大幅に高騰。母は、もうこれ以上インフレが続き「ヤミ」が続いたら、栄養失調で生活もできなくなると嘆いていた。そういえば、自宅の箪笥は空っぽの状態。すっかり衣類は食糧に化けていたのである。

四六年一月ごろから、小田原市内の飢餓は深刻さを増し、五月には一〇日以上も欠配が続き、駅前広場には、空襲で焼出された人びとや家族を亡くした戦災孤児と呼ばれた子どもたちが、あてどもなく歩き、モク（煙草の吸いがら）拾いをしたり、土下座して物乞いをするなど、異様な状況であった。このような状況の中で、「ヤミ米」を背負いきれないほどリュックに詰め込み、駅頭で高値で販売し、警察官の尋問を受け、摘発されたものもいた。「ヤミ米」は一〇キロで三〇〇円くらいだったようだ。

このころだったか、小田原市では、久野和留沢方面を開拓し、多少なりとも食糧増産に力を注ぐ努力をしようと、市民から開墾できる人を募集した。母と私も一回程度参加したが、肉体的にとても無理なので、草刈りをして帰宅している。しかし、一九四八年は豊作、翌四九年も豊作で、ぼつぼつ緩和の傾向もみられた。

2　繁盛する「ヤミ市」

一九四五年晩秋。私庭で収穫したさつまいもを二、三本ずつ、ご近所に分けていると、隣家の主婦から、「ヤミ市」が裏通りの空地に開店したと誘われた。母と私は、早速「ヤミ市」を散策。そこは露店が集まった市場であった。そこには、目を見張るような食品や日用品、衣類が宝の山を築いていた。「ヤミ市」は、独特の臭気が周辺に漂い、焼き鳥が、一本一円の価格で売られ、長い間、肉食をしていない私は早速求め、石のような肉片を噛みしめていた。美味で空腹を満たすには格好の食物であった。

占領軍の放出物資もあり、私はアメリカ人女性の古着のスカート一着を求めた。スカートとはいえ、さすが大柄な女性用でサイズはＬＬ判、私は頭から脚のつま先まですっぽり入るので、母はスーツに仕立て直しをしている。多少派手であったが、私は、外出用にお洒落を享受したいと願い、満足感に浸りながら母の仕立てたスーツを着ては外出ばかりしていた。

しかし、それも束の間、翌四六年八月、内務省通牒で「ヤミ市」は取り締りの対象となり、露天商組合は解散したのである。再び、母と私は、買出し列車で農家に行くことが日課となっていたという次第である。（注10）

3　欠食児童増える

遅配、欠配が続くにつれて欠食児童が増えていくなか、G・H・Qは、救済事業として、一九四七年、各小学校にララ物資の救援を実施した。

七〇歳以上の方は記憶されているだろう。脱脂粉乳給食がそうである。ララ物資とは、一九四六年、アメリカの救済委員会が許可した日本向け救助団体によって配給された食料品などで、食料品のほかには生活必需品が主であった。なかでも食料品が全体の約七五パーセントを占め、医薬品が〇・五パーセント、衣類が二〇パーセントで、大半が食料品であった。

「ララ」とは、LARA、即ちLicense Agency for the Relief of Asiaの略である。脳天気の私は、LARAを、R・A・Aと混同し、二の句がつけなかった。当然であろう。

R・A・Aは周知だろうが、Recreation and Amusement Associationのことで、敗戦直後、占領軍の上陸にそなえて、内務省警保局が、府県の警察長官に慰安施設を設置するように要請した「慰安所」のことで、神奈川県では五か所が指定されている。設置された意味は、一般女子の貞操を守るためのものであったと言われる。私は、校庭の片隅にでも臨時に設置するのかと誤解した。このようなことを教師に話したら、こっぴどく叱られた。

戦後の一時期、一般女子が押入れの中で生活を強いられたことは、このような誤った事実が社会に流布したことによろう。相変わらず「公認売春制度」を認知する政府は、戦時中の「従軍慰安婦」の存在を引きずっていたのである。「慰安所」は、元遊郭が指定されていた。

ともあれ、ララ物資によって子どもたちは、欠席せず登校し、空腹を補ったのである。私の同僚の女教師は、当時の脱脂粉乳のことをつぎのように話す。

「脱脂粉乳のなかに、菜っ葉が浮いていた。大根の葉でした。美味だった。これで満足でしたね。脱脂粉乳は、カルシウムが豊富なので栄養になるから、嫌いだなんて言わないでしっかり飲みましょうね、と子どもたちに飲ませていました」

私たちは、戦時下の食事、戦後のひもじさを乗り越えてきたのである。「餓死してたまるか」と、教師たちの思いは共通していた。その後、給食はどのように変化していったのか。大まかに辿ってみよう。

元小学校教師であった井澤澄子さんは当時のようすをこう話す。

「私のころは、一五年前くらいになりますが、一週間五回あるうち、主食が白米一〜二回、麺類が二回、あとはパンでした。カレーパンや揚げパンもあり、子どもたちはカレーパンが好きでしたね。副食は、野菜と肉のシチューや味噌汁、野菜サラダなどです。毎日必ず牛乳はありました。子どもたちはシチューが大好きでした。テーブルを囲み、校長先生、担任、給食のおばさんたちも、一緒に楽しく賞味しました」

おそらく、現在は管理栄養士、調理師、給食調理人の方々の心を込めて作った料理であろうと思う。

たまたま、二〇一五年四月八日の「朝日新聞」の朝刊を見ると、「公立中の給食」というテーマで神奈川県内の給食について掲載されていた。それによると、献立は地域の特色が生かされたもので、「名産のかまぼこ」「アジのカリカリ揚げ」「煮物」（内容は、人参、里芋、ちくわ、はんぺん、糸コンニャクなどの筑前煮）など、いろいろと彩られた美味な給食となっている。

第三章　女性の政治参加

1　婦人参政権運動の歴史的背景

周知のようにG・H・Qの日本占領政策の骨子は、日本の非軍事化と民主主義の推進であった。前章でも私自身の貧しい体験を述べてはみたが、一九四五年九月以降の日本の変化は、異常な速さで進捗していった。軍需産業の中止から、政治思想犯の釈放、婦人解放、男女平等、労働組合、学制改革、財閥解体、農地改革など、政治の改革から始まって経済の改革、社会、制度の変化に人びとは、「あれよ、あれよ」という間もなく、改革の嵐は日本国中に吹きまくった。

そのなかでも、私がもっとも注目した改革は、婦人解放と男女の平等であった。女性の権利が認められ、婦人に参政権、被選挙権が与えられたことだった。

その経過を辿ると、一九四五年十月、幣原内閣が婦人参政権の付与について閣議で決定。続いて、占領軍の総司令官長であるマッカーサーが、五大改革指令で婦人に参政権を付与することを指示したことによる。それに基づいて、同年十二月十七日に衆議院議員選挙法の改正が公布され、大選挙区制・制限連記制・選挙年齢二〇歳と決定し、戦後初の衆議院議員の選挙が実施された。

女性の有権者は約二、〇五五万人で、全国の立候補者数は一、六五一人であった。このうち、女性が七九人立候補している。

婦人参政権は、大正期に、市川房枝、久布白落実、平塚らいてうらによって獲得運動が展開し、一九二四年十二月に「婦人参政権獲得期成同盟会」が結成されている。すでに婦人の政治活動は、一九二〇年ごろに、平塚らいてう、奥むめおなどが「新婦人協会」を創設、婦人問題は進展していた。

その結果、一九二五年五月に、普通選挙法が公布され、一般庶民に至るまで参政権が行使できるようになったとはいうものの、与えられたのは男子で、女子には付与されなかったのである。

しかし、「婦選獲得同盟」(期成同盟会改め)は、一九二七年一月に『婦選』と題した雑誌を発刊し、女性も男性も平等であり、男性だけに参政権が付与されたことの矛盾を告発している。久布白落実は、『婦選』一月号に「発刊の意義」を述べている。

要約すると「明治維新」の大改革によって、日本は「王政復古」を果たし、幕府政権の根幹をなす「士・農・工・商」の身分制が崩れ、「四民平等」となった。「立憲君主政体」のもと「国民」も政治に参加できることになり、一部の富裕層の特権は、身分の区別なく参政権が付与されることになったが、これは男子のみということで「婦選獲得同盟」は、つぎのように考える。

「(略)一人前の女子も妻たり教師たり女工たる別なく同じく立って各自共頸木の一端を荷ふは當然

の事ではあるまいか。

過日、国際聯盟の新任部長は、（中略）『国際的に重きを為す女性を有し、國際間の幾多の難問題の間に、其獨特の力を發揮せしむるに』と。「我國の女子は家庭に於て、其良人より半身たるの信頼を受けてゐる。今や新たに立ち上りし一千二百萬の一人前の男子は、己が半身たる勤勉忠實なる半身即ち残れる（中略）一人前の女性に向かってこの我等の大なる家庭即ち國家の世帯持ちに共に立って一矢を担へと其奮起を促さないであらうか、（以下略）」と述べている。

一九三〇年には、第一回全日本婦選大会を開催、全国から四八〇人余の女性が集まり、婦人参政権獲得運動に全国的な集会を開催した。スローガンに「婦選を即時實施せよ」と、活動を展開したが、先人のこのような努力の結実が、戦後の新たな出発となり、一九四五年十二月十七日、婦人参政権が実現したのである。

2　婦人参政権の実施

一九四六年四月十日、戦後の初めての総選挙が実施された。珍しい様ざまに彩られた候補者のポスター。派手な看板を掲げた演説会場。そこに人びとは群がり、まるでタレントのポートレートを眺めるように、政策を聞くより祭りのような光景を楽しんでいたような状況であった。前年の十一月に「新日本婦人同盟」の主催による「婦人参政権問題講演会」には、平塚らいてうはじめ、市川房枝、久布白落実らが出演、それに参加した母は、模範的な良妻賢母から、途端に選挙に興味を持ち始めていた。元来、喜怒哀楽を率直に表現できる性格の母なので、私を連れまわして、候補者の演説会場に足を運んでいた。「軍国の母」の豹変ぶりに私は驚いた。

自由党・社会党・進歩党・協同党・共産党ほか、少数の諸派の代表、幹部の人たちの候補者の応援演説は、大変興味があり、当時、映画館や小学校の講堂、街頭など、人の集まる場所は聴衆で満席となっていた。

言論の自由な時代。彩られた候補者のポスターを腹部に巻きステージにあがる人。私が度肝を抜かれたのは、背広にネクタイを締めた候補者が、深網笠をかぶり、手錠をかけてステージに上がった瞬間、「学問、思想、言論の自由は吾等の手で」と、網笠と手錠をステージから会場に投げたこと。どの政党に所属していたのかは定かではないが、保守であれ、革新であれ、日本を改革し、民主主義国家を目指すという意図はあった。

彼らからほとばしる数々の名言。まさに民主主義の自由な発言で会場は熱気に包まれていた。大いなる感激。祭りの日のにぎやかさだった。当時、選挙演説会場に使用されたのは、映画館と学校の講堂であった。この日の会場は、宮小路にあった富貴座という松竹映画を上映する映画劇場だった。

巷の女性候補者のポスターには、有権者は足を留め眺めていたが、そのポスターに男性の目指しが集中、楽しんでいるかのような情景であった。

選挙の当日、母は「だれにするか」真剣に悩んでいた。大選挙区制限連記制なので迷っていたようである。選挙権のない私は、投票日に母に付き添って会場前で待機し、しつこく母に投票した候補者の名を聞き出そうとしていた。亡兄が元気だったら多分、「調子に乗るお前（私）こそ、母の思想の権利や自由を奪っている。自由に投票するのが、権利」だと、干渉する私はお叱りを受けることになっただろう。

女性候補者は、七九名のうち三九名が当選し、国会の赤いじゅうたんを踏んだ。翌四七年には一〇人の女性参議院議員が当選している。しかし、男性議員四二五人（九一・六パーセント）に対し、女性三九人は、八・四パーセントであるが、選挙権を得たのは画期的であった。

神奈川県では投票率が男子七一・七パーセント、女子は六三・九パーセントで、今日からみると、高い投票率である。女性は六人が立候補したが、当選者は二名だった。日本社会党・松尾トシ三九歳、得票数五万九、四一一票。もう一人は、新日本婦人党・吉田セイ三八歳、得票数四万八、四二二票であった。松尾は教育者で、日本女子英学院の院長であった。彼女は、食糧問題に取り組み、生活改善、家事の合理化、教育の機会均等など、テーマは、女性が抱えていた課題に集中した。

一方、吉田は歯医者で、かつて砲丸投げでオリンピックの選手候補として活躍、スポーツの普及、健康の問題、衛生、環境、教育など、松尾と同様に女性が持つ問題や悩みを探り、解決の努力をした。松尾・吉田は、精力的に活動し、県民から慕われていたと言う。後、松尾は民社に移り、一九六三年に政界を引退している。

戦後初めて実施された選挙区は、私の地域では、小田原・平塚・藤沢・足柄上・下両郡・高座郡・愛甲郡であった。

3　小田原市議会議員の女性候補

一九四七年四月六日、公職選挙法に基づいて、小田原市では第一回の市議会議員選挙が行われた。紅一点である女性候補者、黒崎シズが立ち上がった。黒崎シズは、緑町（現小田原市栄町ダイヤ街通り）で歯科医院を開業、街の人びとの診療にあたっていた。

黒崎は、「一主婦としてお台所の生活を政治に反映させる」という立候補の決意を述べ、スローガンに、①配給の合理化、②保育園・託児所の拡充、③共同便所・浴場の公営化、④市営マーケットの開設など、生活に密着した政策をあげ、「私を市民のために市議会に送って欲しい」と訴えた。黒崎の演説は、具体的な課題だけに、台所を預かる主婦の注目をあびた。

この時の立候補者は、定員三二名をはるかにオーバーして七九名の市民が候補者として名乗りをあげた。告示と同時に、小田原の市街地は、選挙一色となり、華々しく選挙戦が繰り広げられた。四月□日（不明）の『神静民報』には、「候補者が選挙演説をはじめると黒山の人だかり」となり、候補者がメガホンを口にあて「人の波にむかって、街頭の皆々様と女性に呼びかけると男性が佇んで（演説）を聞き入っている」と記している。

恐らく黒埼の演説ではなかっただろうか。オート三輪に乗り、真っ白なかっぽう着の主婦たちの応援を受け、市内を走りまわる黒崎の演説は女性の目を引いた。私の母は三輪車の荷台に張りついて黒崎の名前を連呼していた。興味深く、私は母に付いてまわっていた。

ところが、市議会議員の選挙は、地縁・血縁関係による「義理」が先行し、前近代的な有権者の意識を払拭することは、そう簡単にはいかなかった。しかし、「民主主義」という戦後の新体制は、国民が自己の「権利」を行使できる唯一の場であったことでは、女性が主体的に政治にかかわった輝かしい一頁を印したことになろう。結果、黒崎シズは惜敗したが、女性の地方自治に対する意識は多くの市民に認知されたものと考えられる。

現在の選挙運動の一コマ
（某女性市議会議員候補者の呼びかけ）

これ以来、女性が議員になったことはなく、三〇年後の一九七九年に市議会議員に加藤巴江（故人）が立候補、当選している。加藤は定員三六名のところ、四四名の立候補者のなかでも二、二二八票の高い得票数を獲得、上位当選を果たした。加藤は三期一二年間、市政に携わり活躍した。

ところが、加藤の初当選以来、一九九三年の市議会議員選挙に中島春子氏が立候補し、当選するまで、女性議員は不在であった。彼女は、「水樹」という会のリーダーとして地域で活躍。リサイクル活動を展開、地域女性の力を結束し、市民の信頼を得た。主婦の悩み、生活改善、女性の学習の広場を提供するなど、議員としてふさわしい人格の女性であった。当時、私も後援会の会員として応援している。彼女は三期一二年間の議員生活を経て勇退。現在、中島氏は、自治会、地域の女性の広場で活躍中である。

いま、小田原の女性市会議員は、定員二八名中五名である。天の半分は、女性なのだから、クォーター制などと言わなくとも、政策を語りあい、私は半分以上を議会に送りこみたいと思う。（注11）

第四章　日本国憲法の誕生

1　日本国憲法成立の経過

二〇一三年一月三日、私は朝刊に目を通し一人の女性の訃報に接した。一瞬驚き、訃報記事を何回となく読み返した。その女性は、ベアテ・シロタ・ゴードンさんである。享年八九歳。二〇一二年十二月三十日に逝去されたとある。ゴードンさんは、死の直前まで「平和」と「女性」の権利について心配されていたという。(注12)

最近の改憲の動きについて危機意識を持っておられたと、朝刊は伝えている。周知のように、ゴードンさんは、G・H・Qのスタッフとして、日本国憲法の起草に携わった唯一の女性である。当時二二歳の若さで、日本国憲法草案作成に取り組んだ。

彼女は、少女時代の一〇年間を東京で過ごしている。その折、日本の家父長制に支えられた家族生活を見て、本来、男女は「人間として」平等であるべきなのに、日本女性の地位の低さに驚いたという。「何故、女性だけが台所の片隅で食事をするのか」。この体験が、日本国憲法の条文第二四条の基礎となったのである。ゴードンさんは「人権」の尊重、「差別」の廃止、「平和」の享受を達成することで、この地域に住む人びとが幸せになるのだと、八九歳で死去するまで、日本国憲法の素晴らしさを語り伝えた。ゴードンさんはつぎのように言う。

「憲法9条は、世界にとって平和のモデルで逆戻りしたら大きな損失」（朝日新聞　二〇一四年一月三日）。感動する言説である。私も、憲法制定のころのできごとが、いつまでも心象風景として印象づけられている。二〇〇四年、確か岩波ホールで藤原智子監督作品「ベアテの贈りもの」（The Gift from Beate）と題して上映されていたと思う。

ところで、日本国憲法は、G・H・Qの管轄下にはあったが、「憲法研究会」がつくられ、高野岩三郎、鈴木安蔵らの学者によって、わが国独自の国民主体の理想的な平和憲法が作られた事実は周知であろう。日本国憲法の誕生は、うちひしがれた日本国民に希望を与えた。だれもが「法の下に平等」であり、「結婚は両性の合意による」「夫婦は同じ権利を有し平等」。私は、全条文をじっくり読み、これこそ、「国民のための国民による」もの。

Government of the people by the people and for the people のリンカーンの大演説を想起した。

特に私は、第二章と第三章は、何回となく読んでは暗記した。

日本国憲法は、一九四六年十一月三日公布、翌四七年五月三日に施行された。（注13）

（第一章は略す）

第二章　戦争の放棄

第九条　日本国民は、正義と秩序を基調とする国際平和を誠実に希求し、国権の発動たる戦争と、武力による威嚇又は武力の行使は、国際紛争を解決する手段としては永久にこれを放棄する。

前項の目的を達するため、陸海空軍その他の戦力は、これを保持しない。国の交戦権は、これを認めない。

つぎに、第三章　国民の権利及び義務。第三章は、第十条から第四十条まで詳細に記されている。

第十一条の「基本的人権」は、「侵すことのできない永久の権利」であること。

第十三条の「個人」として尊重されること、全ての国民は、すべて「平等」であること、「思想」「良心の自由」「信教の自由」「学問の自由」。

「目から鱗が落ちる」とはこのことだろうか。私は、ワクワクし、胸が熱かった。

第二十四条は「婚姻は両性の合意のみに

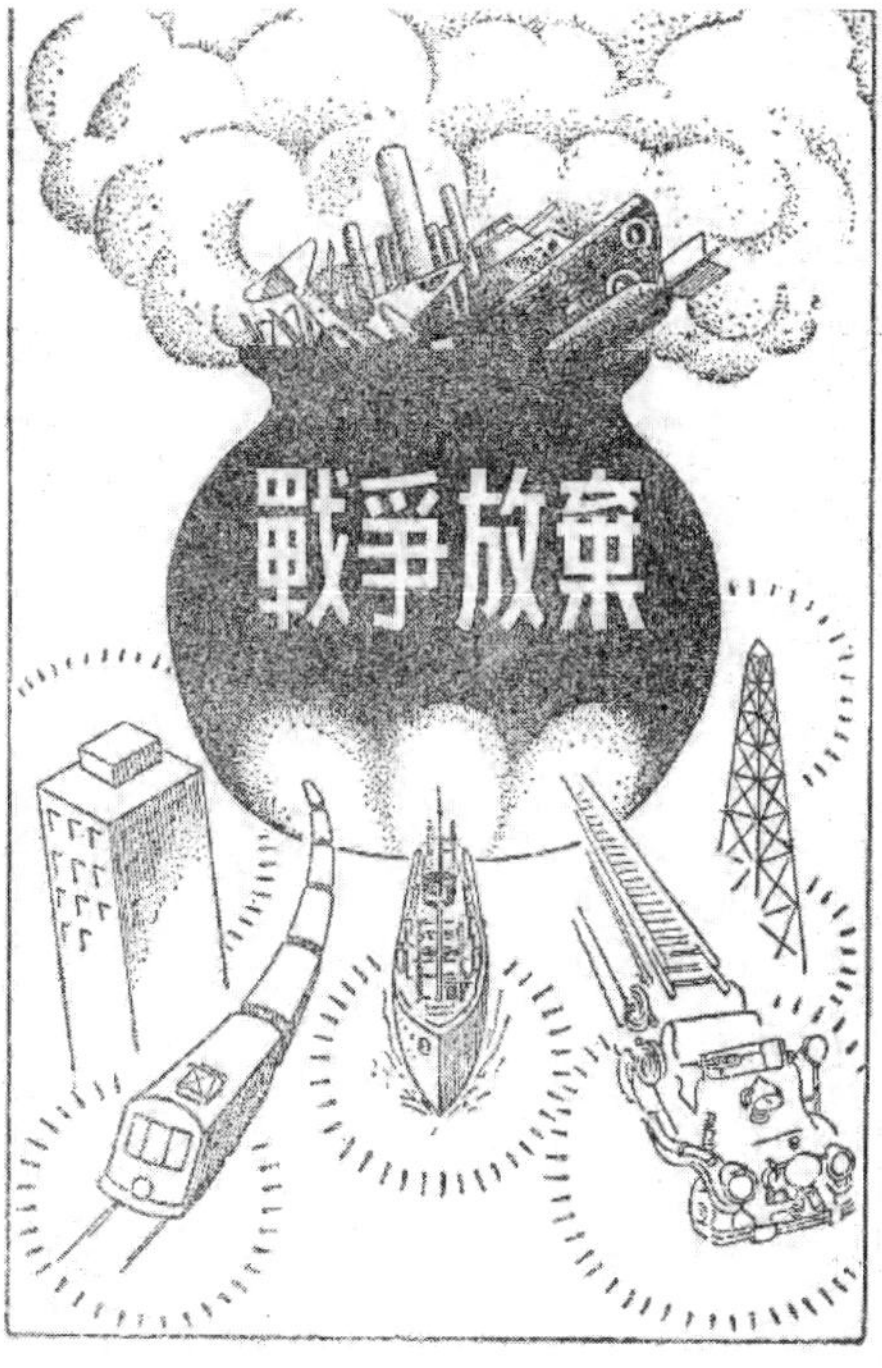

基づいて成立」。「夫婦は同等の権利」を有することに、私は祖母に内心「ほれ、みたことか」と、喜んでいた。宇佐美家から嫁ぐには、「女」としての教養、行儀作法、家事、すべて「身に」に付けて行くことですと、口を酸っぱくして説いていた。脳天気の私には、あまり効果はなかったが。

第二十五条は、すべての国民は、「健康」で「文化的」な「生活を営む権利」。しかし、ここ二、三年、急速に「格差」問題が顕在し、「第二十五条」は、高邁な理想のようになってしまった。

それでも、施行当時は、理想を求め、現実化しようと、各地で祝賀イベントが行われた。つぎに小田原市域についてのべてみたい。

2　日本国憲法施行記念祝賀会

日本国憲法施行の祝賀イベントは、全国各地で様ざまに行われた。あの日、私は母と二人で家の中を、手をつなぎ、はしゃぎまわった。相変わらず似たもの母子なのだ。

小田原市では施行の日、盛大な祝賀式典が行われ、

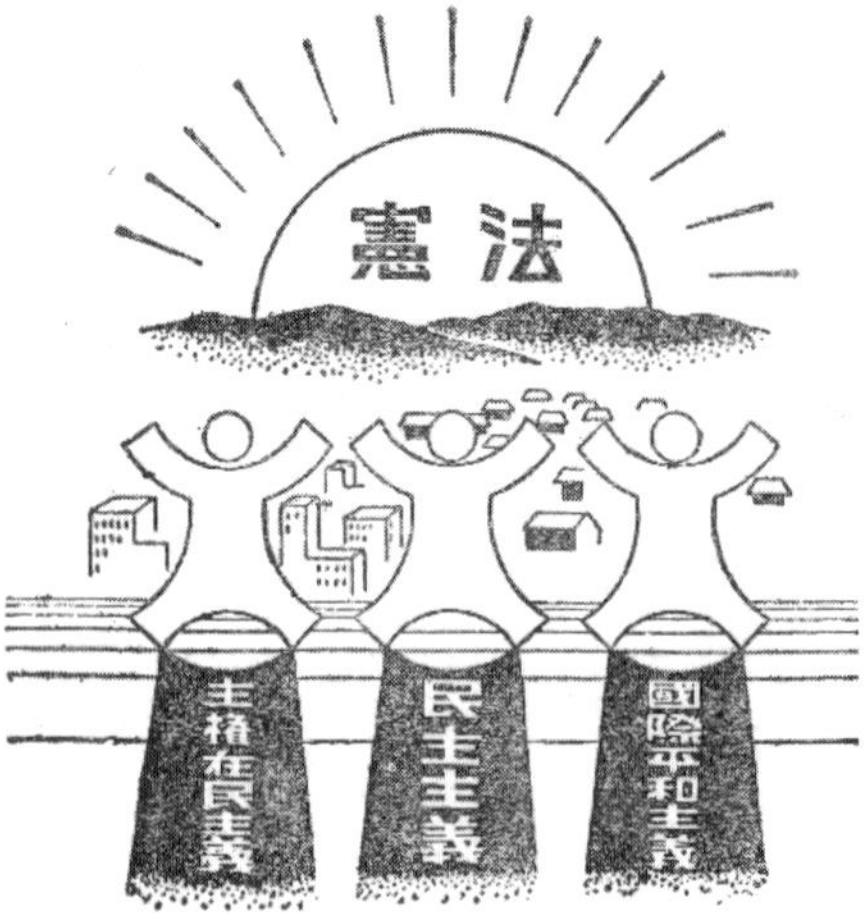

一大イベントが繰り広げられたのである。天守閣広場は市長さん他国会議員、地方議員、労働組合、婦人会、青年団、学生、生徒児童、一般市民、商店街の人びとなどで埋めつくされ、壮大で熱気あふれる街の情景であった。昼間は、花電車、夜は花火など、「平和の心棒」である日本国憲法施行祝賀行事はしばらく続いた。

なお、男子に煙草「光」を一〇本、女子には「口付朝日」三本が特配された。自宅には母の配当分「三本の朝日煙草」が配られたが、煙草を吸わない家には「米の一合でも欲しいわ」と、不満気であった。私は「平和日本」と書かれた小旗を振りながら、夜を徹して街中をデモった。

文部省発行の『あたらしい憲法のはなし』は、学校の教材として使用され、地域では、母親学級のテキストとして大いに活用され、多くの人びとが熱心に学んだ。

母は、卓袱台の上で『あたらしい憲法のはなし』の頁をめくり、早速勉強しはじめた。

第一条から第百三条まで何日かかるか、私は興味深くみることにした。

ここで、注目したい出来事をいくつか紹

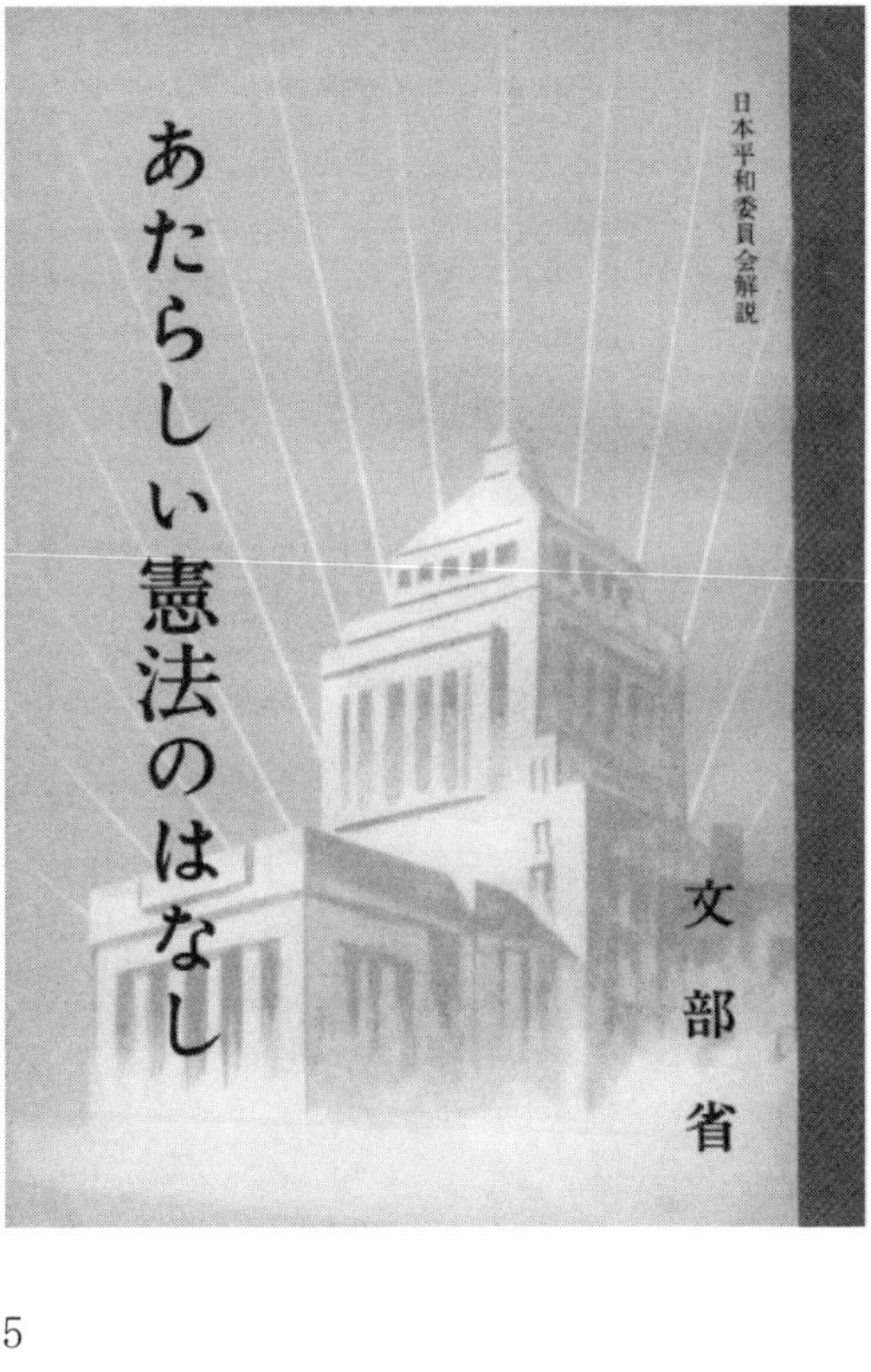

介しておこう。

このころ足柄上郡山北町の町立山北高等女学校の女教師たちは、「あの恐怖の戦争から、私たちは、永久の平和を勝ちとったのだ。まず、平和憲法の精神を学び、地域の人たちと手を携えて平和の大切さを伝えよう」とプラカードをかついで山北町内を巡った。少ない人数の女教師と生徒だけではと、社会科の男性教師も同調。それも山北町だけでなく、足柄上郡内を行脚。女学生なので、華やかで、地域の農家の方や、主婦、それぞれ珍しさもあり、楽しみながら幅広い活動を行ったのである。

当時、国語教師であった松永長雄（たけお）は、「卒業したら嫁に行き、やめるのだろうと、はじめ私は高をくくっていたが、女生徒のあの美しい目、地域の人たちの真剣な様子を見聞きし、私も負けてはいられないと重い腰をあげた。頑張りたいと思った」と私の聞き取り調査に話してくれた。

同じ年の七月には、早川小学校の母親学級の「教養講座」のテーマに「憲法を読む」ことを計画し、わかり易く理解するため、紙芝居作りの専門家・荒井友三郎の指導を受けている。荒井の紙芝居を見ることはなかったが、地域で「戦争は二度と起こさない」、「平和の大切さ」を説いて村内を回ったという。だれもが冊子『あたらしい憲法のはなし』の頁を開き、そこに記された呼びかけるような数行「みなさん」で始まるやさしい言説を忘れることはないだろう。

続いて、四七年十二月に民法が改正され、旧家族制度は根底から揺さぶられた。しかし、制度上は改正しても、実態はそう簡単には旧来の陋習は払拭することはできなかったのである。嫁と姑、夫と妻との関係を平等にすることは、なかなか困難なことであった。嫁と姑は「嫁は姑に仕える」、夫と妻は「平等ではない」と。

しかし、これほどまでに多くの人びとが憲法を学ぼうと思った動機を、母は私につぎのように語った。第一に、大日本帝国憲法より条文がやさしそうである。第二に、戦争未亡人の家庭を訪問し、仏壇に若い兵士の遺影に手を合わせたとき、息子の清司（私の兄）とだぶり、たまらないこと。戦争はしないと条文にあるから、しっかり読みたいこと。「いくさはいやよ！　悲しみと苦しみと恐ろしいのはいやよ」と、日頃、つぶやいていたことが憲法を読んでみようという動機だったようだ。

第九条の戦争放棄が母の心を打ったようだった。私の手元には、文部省発行の『あたらしい憲法のはなし』が、黄色表紙は褪せているが、いまでも座右の書となっている。(注13)

日本国憲法の条文で、母が私にユニークな発言をした。ユニークというより、きわめて率直で素朴な疑問であった。「天皇は神さまでなくなったの？」。そういえば、第一章第一条で「天皇は日本国の象徴」とある。この語いが理解できないようだ。一九四六年の年頭に天皇は、「人間宣言」をされた。それ以来、各地を巡幸している。私は「あっ、そう」という発言が印象的であったが、あとのことは、記憶にない。敗戦後の私は、天皇制に批判を持ってはいたが、「戦争責任」の論理は構築できず、無関心を装った。

3　教育基本法の成立

日本国憲法の成立後、一九四七年三月に、「教育基本法」と「学校教育法」が公布され、「国民学校令」が廃止、教育制度が大幅に変わった。どのような体制になったのか。旧制度と比較してみよう。まず、次ページの表を参照してみたい。

一見してわかるように、旧制度の複雑な制度が、新制度では、実にすっきりしている。若干、コメントしよう。新制度では、義務教育は、小学校が六年間、中学校が三年間の九年間となっている。旧制度では、小学校が六年であった。六年間で小学校を卒業すると、男子は中学校、女子は高等女学校へ通学するというケースが一般的であったが、コースが複雑で、将来の見通し、各家庭の生活環境、職業選択など、あらかじめ、個人の自由な発想は制約されていた。「男女七歳にして席を同じうせず」という道徳的規範に裏付けられた旧制度の教育は、様ざまな問題点を内包していた。

私の親しかったH子は家が貧しかったので、卒業すると子守り奉公に出された。M子は、置屋の長女であったので、芸事を習うため卒業した。クラスメートのなかには高等科二年を終了し、女子師範学校一部に入学、官費で勉強し、小学校の教師になった人も多い。官費で入学したということで、クラス中のトップだったTは、その時代の国家主義的教育方法について疑問を抱きつつも、批判はできなかったようだ。

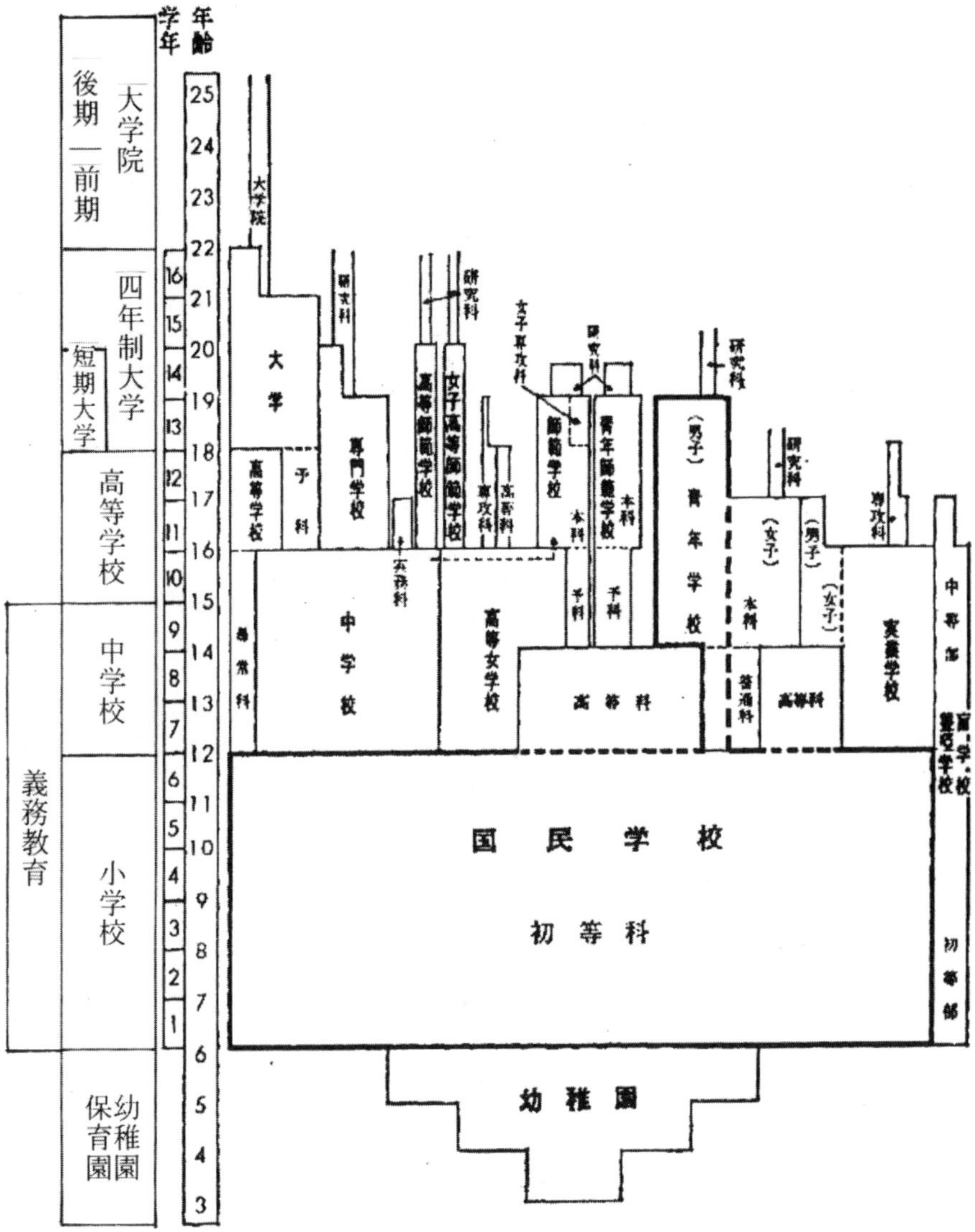

1944 年学校系統図（文部省『学制百年史』1954 年より作成）

戦後の六・三制教育制度についても戸惑う人も少なくなかった。「男女」が「平等」に同じ机で勉強する。「聖域」であった学校なのに「風紀」が乱れると心配した父兄や教師。民主主義教育とはいえ、皆目不明であり、理解されないことも多々あった。

旧制の中学校・女学校は高等学校と改称された。女性たちにとって、思いきり青春が謳歌できたのは、このころである。女学生たちは、男子学生と交流をはかることを目指し、文化交流、政治討論会、合同演劇発表会などを開催、華々しい一時期であった。軍国主義教師の追放、ストライキ（学園闘争）、教師と生徒でカリキュラムを作成し、ユニークな授業が展開されている。(注14)

義務教育は、小学校が六年、中学校は三年の九か年となった。旧小田原市内の場合、本町・城内地区が第一中学校、新玉・山王地区が第二中学校、足柄・芦子地区が第三中学校、大窪・早川地区が第四中学校となり、通学地域はとりあえず従来の国民学校の通学区域であった。第一中学校は城山中学校、第二中学校は白鴎中学校、第三中学校は白山中学校、第四中学校は城南中学校と名称した。

教科も、旧制度で主流を占めていた修身・国史・地理が廃止され、国民学校用「くにのあゆみ」上下が大幅に修正され、不必要な文章は墨で抹消した。七五歳以上の方は「墨ぬり教科書」を記憶していよう。六・三制発足と同時に、従来の中学校・女学校が高等学校となり、神奈川県立小田原中学校が県立小田原高等学校となり、同県立小田原高等女学校が同県立城内高等学校と改称し、小田原市立高等女学校が同市立女子高等学校と変わった。私立新名家政高等女学校が私立新名学園新名女子高等学校と改称、新たな発足をみたのである。一方、私立報徳女学校は、県立城内高等女学校と合併、吸収された。

4　一八歳の代用教員

六・三制の学制改革については、第一章でも触れた。あらゆる面で混乱を招いたことも事実ではあったが、戦後の女学校生活は、私にとって学ぶことの意味を実感した一時期であったように思われる。ともかく、女学校（旧制）を卒業し専門学校（旧制）を受験したいと思い、数校受験したが、全部不合格だった。母から「高望みね」と一笑に付されたが、受験は本人の希望だから成績は関係ない。「不合格」のレッテルを貼られ、受験「浪人」と言われるようになったのである。さすがの母も業を煮やし、亡父が勤務していた運送会社に入社するように、浪人中の私を説得した。私は不承不承に臨時用員として運送会社の会計部に勤務することになった。元来、数学の不得意な私は、算盤をはじくデスクワークのできるような器ではない。無気力、怠惰な女の子。机の下に文学書を置き、ひそかに読んでいた。主任に数字の間違いを指摘され、叱られてばかりの毎日であった。

こういう状態が約二か月間続き、自信喪失し、方向性が定まらず悩んでいたその時、救世主に巡りあったかのように飛び込んできた話題がある。学制改革により、小学校の教師が不足しているということであった。女学校時代の担任教師から、臨時代用教員になるように勧められた。全く予期しなかったことだったが、担任は、「適任と思うから勧めているのだ。これから、すぐに小学校に行きなさい。A（芦子）小学校の校長先生には話がついている」と私を説得した。

私は会社の事務服のままA小学校を訪問した。応接室に見えた方が校長で、威厳のある人だった。

厳つい肩、威喝するような大声。私は戦時中を思い出し、深々と最敬礼をし、氏名さえ明確に言うこともできず、無性に体が震えた。校長は、こう私に話した。

「女学生のような髪形とセーラー服は駄目ですよ。パーマネントをかけ、地味な上着とスカート。ズックはやめること。化粧は母上から教えてもらうこと。このごろの女は、派手になってきたからな」

自宅に戻り、母に相談すると「やりたいと思ったらやりなさい」と冷ややかだったので、私は代用教員を引き受けることにした。私が即答したのは、女学校のころの記憶が蘇ったからである。敗戦直後の大学院生たちの授業。あの時の授業から、私は形而上的な、人間本来の生きるための精神の糧を得た。戦後の混乱状況のなかで、自己の方向性も定まらないまま浮遊する私は、女学校時代の授業から「真理」を学んだといっても過言ではない。

「よし、私もやるぞ」

いよいよ、明日から代用教員となる。一八歳の女性代用教員生活はこうして一歩を踏み出したのである。

5　恵まれた代用教員時代

A小学校の分教場には、翌日赴任（五月一日付、辞令交付）した。分教場はどうみても江戸時代の寺子屋としか言いようのない小屋のような建物であった。職員室は、壊れかかった床に、すのこが並べられているだけで、ズックを履いた高齢の女教師が二名、私よりやや年長の若い女教師が一名、鎌倉師範学校（現横浜国大）を卒業したばかりの新人男性教師計四名。それに住み込みの五〇代の夫婦が用務員として勤務していた。高齢の女教師は女子師範学校（現横浜国大）出身のベテラン教師。引っ詰の結髪と、おしろいっ気のない顔。私は内心、「大変なことになった」と心配した。安易な気持ちで返事はしたが、胃がきりきりと痛むようで震えが止まらなかった。

校長先生から、「みなさん、新任の宇佐美先生を紹介します。先生、ご挨拶をよろしく」と促され、戸惑った。震える脚を引きずりながら、全校児童に新人としての挨拶をした。全校児童といっても、低学年ばかり。一年生、二年生、三年生だから二〇人程度だったかとも思うが、少人数だったというだけで、記憶はあまりない。

教壇に立ち授業することになり、ベテランの女教師から、子どもたちに何か話をするように言われた。咄嗟に思いついたのが宮沢賢治の詩で、「雨ニモマケズ」を諳んじようかと思ったが、口からほとばしるように出てきたのが、妹の死を詠じた「永訣の朝」だったのである。

けふのうちに
とほくへいってしまふわたくしのいもうとよ
みぞれがふっておもてはへんにあかるいのだ
（あめゆじゆとてちてけんじや）

いま省みても、「何故この詩？」と不明としか言いようがない。そういえば、「あめゆじゆとてちてけんじゃ」が、私の記憶の中で鮮烈に残っていたのではないかと思う。賢治の妹トシが亡くなったその日、みぞれが降っていて、トシは「あめゆじゆとてちてけんじゃ」と賢治に頼んだのである。つまり、お兄さん（賢治）に、「雨と雪の混じった冷たいみぞれを茶碗にとってきて」と頼んだ情景を詠じた詩である。私は、兄の死を思い出してこの詩と重ねていたのかも知れない。（注15）

後方で見ていた女教師は、苦虫を噛み潰したような顔で私に、「もっと楽しい話をしなさい」と言わんばかりであった。あとで職員室に戻ってみたら案の定、私は注意を受けた。「あんな悲しい詩はいけません」。

子どもたちからも嘲笑され、私は教師失格であった。そのなかで、ひときわ目立ち、たくましい体躯の筋骨隆々の子どもが、突然、「先生、俺、今月中に国に帰るんだよ。俺の祖国は朝鮮。日本から独立したんだ。先生もしっかりして、よい先生になれな」と嬉しそうに私に話した。（注16）

彼のいきいきとしたエネルギッシュな希望に満ちあふれた姿に、私は返答もできず、圧倒され、「有難う」と、頭だけさげていた。

「何歳？」と、思わず年齢を聞いて驚いた。彼は本来ならば六年生であったのに、両親の仕事の手伝いで学校に行けず、ようやくこの分教場で勉強ができるようになったという。彼の出身は、朝鮮国慶尚北道〇〇〇（略）。氏名、金〇〇（略）。これ以上、触れることは省略するが、私は、自身の歴史認識の甘さを恥じた。仮にも、これから教育に携わる人間として、教師として、あの戦争（アジア・太平洋戦争）について、自省をこめて勉強しなければと、この日、真摯に「学び」「考える」ことの必要性を思い知らされた。

6　新教育の目標

分教場は三年生までの低学年で、四年生以上は本校に通学することになっていた。カリキュラムもなく、まともな教科書もなく、暗中模索の日々が続き、毎日、酒匂川の支流（支流といっても小川）で、どじょう・ざりがに・たにし・しじみなどを採取し、遊び、走り回っていた。主任の男性教師やベテランの女教師、私のような代用教員、用務員など、分教場に勤務している人たち総出で捕まえる。それに、一年生から三年生までの子どもたち全員で投網を作り、文鎮を重りにして楽しく過ごしていた。美しい透明な川の流れにまかせ、泳ぐ魚をつかみ、「こんな素晴らしい人生の喜びはあるのか」と、私は大げさな感慨にふけった。

時に、脚に藻がからみつき、子どもたちから「流されるな。先生が一番危ないからな」と忠告をうけた。教えることの難しさに私は悪戦苦闘するが、子どもたちから、自立するということの本当の意味、在り方を学んでいたのかも知れない。

その年の九月一日、分教場はＡ（芦子）小学校からＭ小学校となった。校名のＭは、地域名（町田地域）である。Ｍ小学校は全職員が一二名の小規模で、ベテランの教師たちが赴任してきた。校長は平岡幸雄という温和な人格者で、学校経営方針は、全職員で意見を述べ討議し、校長が新しい学校の経営のあるべき方向性を提示した。いまでは考えられないことだ。学校経営、指導方針を職員と共同で考えるなど、これこそ民主主義教育の理想であり、本質ではなかっただろうか。

教務主任の鈴木教諭を中心にコア・カリキュラム（core curriculum）、即ち、子どもたちの生活体験を核に、各教科ごとに学習指導方法を展開、指導案を作成し、授業をすすめていく学習方法である。当初、先生方もよく理解できず、音楽の時間に、教師の好みで戦前流行した淡谷のり子や藤山一郎、ディック・ミネなどのブルースや流行歌を歌唱させ、父兄のひんしゅくを買うこともあった。結局、校長先生から注意され、川田正子の童謡を勧められた。当時、川田正子の童謡は一世を風靡し、楽しく明るい童謡で街中に流れ、人びとの心をなごませた。

また、一九四八年、横浜国際劇場で「天才少女歌手」といわれた美空ひばりがデビュー。たちまちにしてラジオからメロディが流れ、子どもたちの関心、興味はそちらに移った。英語の歌、「カムカムエブリボディ」「鐘の鳴る丘」など、ラジオから流れてくる音楽は人びとに希望を与えたのである。

そのころ私は、民話研究家で歌人でもある湯山厚氏を中心として作られた「教育方法を学ぶ」研究会に入会。マカレンコの集団教育論について学ぶことになった。湯山氏の主催する「教育方法」研究会で私は、教師として自覚することになった。しかし、湯山氏のアメリカ留学、会のメンバーも教頭、校長などに栄転し、残りの女教師も結婚で他県に転勤。私も代用教員の契約が残すところ一か月になり、研究会は解散した。

このような独自な、手探りの自由な教育方法論も、やがて現場の教師たちは、多忙のため続かず、

頓挫することになる。それは、教育委員が公選制から任命制になったころだったと思われる。（注17）

しかしながら、いま、当時を省みて、教育の持つ重要な課題を真剣に考えられた根底には、「教育基本法」という支柱があったことによると考える。では、私たちを熱くした「教育基本法」とは、どういう法律か、前文をひもといてみよう。

（前略）われらは個人の尊厳を重んじ、真理と平和を希求する人間の育成を期するとともに、普遍的にしてしかも個性ゆたかな文化の創造をめざす教育を普遍徹底しなければならない。（後略）

私たちは、長い間、「戦争」という人類を破滅する恐怖に晒され、多くの尊い命を犠牲にしてきた。戦場では兵士が壮絶に戦い大切な命をおとし、内地では丸腰の無辜の民が空襲で爆撃を受け、家屋・資産を失い、かけがえのない命を失った。再び、こんな時代になってはたまらない。私たち教師は立ち上がったのである。「民主的」な国、「文化的」な国、そして「世界の平和」と「人類の福祉に貢献」（「　」は前略の部分）するための教育の土台を構築しようと理想に燃えていたのである。

「教育指導が大切よ。私は教師として努力するわよ。国家主義師範教育の徹底した指導方針の転換だわ。民主主義をしっかり学び、ほんものの教育をしましょう」

「宇佐美先生、しっかり勉強しなさいよ」

私はベテラン女教師から励まされた。みんな生き生きとしていた。

平岡校長は、職員に負けてはならないと常に張り切っていたが、「僕も年だなあ。疲れるな」とつぶやいては、出涸らしの茶を飲み、心を癒していた。

私の帰宅は、常に夜七時をまわっていた。凍てつく真冬の二月、火の気のない殺風景のだだっ広い居間で、どてらを頭からすっぽりかぶり、私の帰宅を待ち、冷めきった味噌汁を温め、私の健康を気づかいながら見守ってくれた母。その母は私に「もう決して軍歌は歌わない」と誓った。

敗戦直後から流行歌も演歌やジャズ、オペラなどが歌われるようになりつつあったが、母も私も無類の音痴、なかなか覚えることもできず、相変わらず軍歌を歌っていた。歌っていたというより、リズミカルなので口ずさんでいたにすぎない。

勝ち抜く僕等小国民
天皇陛下の御為に
死ぬと教えた父母の
赤い血潮を受けついで
心に決死の白たすき
かけて勇んで突撃だ

なんと矛盾だらけだろうと思った。敗戦から二年を経ているのに、「戦後」「民主主義」の概念は脳では認知していても、口ずさむ歌が軍歌とは。と言うのも、おかしな話である。

あの日のこと、私の記憶はいまも鮮明である。一九四五年四月某日。母と私は、この日の朝、右の突撃の歌を歌い、意気揚々と兄を戦場に送り出したのである。叔父も「ようやく、ここへ来て、不良の清司（私の兄）も志願したのか。よかったな」。叔父も宇佐美家から出征兵士を送り出したことを喜んでいたが、内実はわからない。

いつまでも軍人になることを躊躇していた兄は、それから間もなく病死した。痛恨の極みである。

あれから、すでに半世紀以上が経過した。

それにつけても、思い出すのは、金〇〇のこと。生きていたら、すでに彼も後期高齢者である。帰国して以来何の連絡もないが、いま彼が日本に居住していたら、日本の現状をどう思うだろうか。「朝鮮人をたたき出せ」など憎悪に満ちた「ヘイトスピーチ」。こんな「差別」発言や「人権」無視が、報道される。連日配達される新聞を読み、悲痛である。

二〇〇六年、「教育基本法」は、大きく変えられた。全文の「真理と平和の希求」が「真理と正義の希求」に。私はまず引っ掛かった。「正義」ってどういうことか。いろいろと自分なりに理解しようと思いつつも、魚の骨が喉にささったままの状態のようであった。

私たち戦争を体験した者は、「正義」のための「聖戦」というまやかしのフレーズに、人形のように操られ、踊らされてきたからである。私は何の疑義も抱かず、大日本帝国主義国家を心底から支え、「正義」のために、脇目も振らず邁進した日々を痛恨の思いで振り返る。人間の尊厳を踏みにじってきた不条理な戦争を勝ち抜こうとしていた少女時代。それが、「教育基本法（旧）」を学んだことで、あるべき真実の教育指導方法を肌で知り、教師として教壇に立つことができたのである。（注18）

作家・永井路子さん
の講演

中央大学教授・吉
見義明さんの講演

憲法９条を守ろう。
小田原駅東口駅頭
にて。毎月９の日に
一般の方々に呼び
掛ける。今年で
130回目となる。憲
法成立のころの熱
気は永久に続く

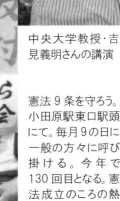

第五章　変質する一九五〇年代

1　再び学生となる

一九四九年、代用教員の資格を失った私は、小学校教師の免許取得のため、横浜国立大学学芸学部付属初等教育養成科へ入学。ようやく学生生活をすることになった。

小田原から横浜まで約二時間、満員の東海道線で通学し、京浜東北線に乗換え、山手まで約三〇分。ミッションスクールのエキゾチックなフェリス女学院の美しい緑に囲まれた建物を窓外に眺めつつ、つぎの横浜国大で下車。古びた校舎。窓ガラスは破れ、机も椅子も建て付けも悪かったが、学生は熱心であった。廊下も風雨に晒され、戦火の名残が感じられた。

本来なら、旧制の女子だけの師範学校だが、教員免許取得のための養成科であるため、男女共学、年齢制限なし。ただし、旧制の中学校・女学校の代用教員は、大学資格検定試験の合格者でなければ受験資格はなかったのであり、私は旧制女学校卒業なので、検定試験に合格し入学した。

私が受験したころの受験生は、年齢も幅広く、受験生のなかには、四〇代以上の受験者もおり、一〇代の私などは恐らく最も若いのではないかと感じられた。

「俺は大陸戦線での生き残りだよ。帰国したが、敗残兵の汚名を背負って仕事もなく、小学校の先生を希望して受験したのさ」。この受験生は、陸軍士官学校出身の将校だったようで、「世が世なら、大日本帝国軍人のトップリーダーさ」と、ぬけぬけと言う元軍人の受験生の態度に私は、一刻も早く「あたまの切りかえ」をした方がいいのではないか、とさえ思った。多分この人は合格するだろう。

受験生は、陸士出身、予科練、軍需工場で働いていた人たち、従軍赤十字看護婦、旧制中学校、女学校卒業、ともかく、種々雑多といった方が適切かも知れない。

いまでも記憶にある楽しいエピソードを紹介しよう。私のすぐ後ろの三〇代ぐらいの男性が、問題を解いている最中に私の肩をたたき、欧文の「略語のW・H・Oとは何か教えて」と言われた。W・H・Oは、周知のようにWorld Health Organizationの略で、国連の世界保健機関のことである。彼は、「だれ」と間違え、「だれ」とは「だれよ」。「疑問代名詞なのに、なんだろう。Who is that 〇〇?　とあればわかるのに」と。

私は、消しゴムに書いて教えた。他の略語はわかるのか心配であったが、自分のことで精一杯であった。国際連合関係の略語がほとんどであったようだ。U・N①、U・N・D・C②、U・N・F③、U・N・S・C④などであった。

United Nations （国際連合①）
United Nations Disarmament Commission （国連軍縮委員会②）
United Nations forces （国連軍③）
United Nations Security Council （国連安全保障理事会④）

その他、もっと多かったようだが、記憶の再生はこの程度であり、ヒヤリングなのか筆記だったのかさえ私は忘却してしまっているが、W・H・Oさんも合格していた。国語・英語・数学からの問題が多かったが、すっかり忘れている。この問題は、横浜国大のオリジナルのものだったかも知れない。

ところで、横浜国大へ入学した前年（一九四九）一月に実施された総選挙では、民自党二六四名、民主党六九名、社会党四八名、共産党三五名が当選し、革新派の動きが活発であった。

三月には、私の大好きな、河原崎長十郎、中村翫右衛門、川原崎国太郎らが率いる革新的な劇団の前進座の俳優が集団で共産党に入党するなど、民主的な動きが目立ちはじめていたが、第三次吉田内閣は、急速に右寄りに舵をとり、政治の方向を変えはじめていた。折角、勝ちとった「民主主義」は、いったいどうなっているのかと、私たちは危機感を意識的に感知しはじめていた。

これと呼応するかのように、マッカーサーは、戦後当初の日本の占領政策の転換を打ち出した。私たちが、なんとなく肌で感じとっていた「逆コース」と思われる政策。一九四九年から五〇年の一年間の目まぐるしい政策転換は、報道ニュースによって知るのみで、私たち市民にはあまり理解できずじまいであった。

一九五〇年五月、マッカーサーは共産党の非合法化を示唆し、「米軍駐留」を強く提示。吉田総理も「米軍駐留」を条件に単独講和を閣議で決定。いよいよ独立するという「講和条約」締結にむけて動き出したのである。六月になるとマッカーサーは、共産党中央委員二四名の追放を指令し、「戦争反対」を戦前から一貫して唱えてきた幹部を追放した。幹部は、再び地下活動をするという異常な状態となったのである。

同年九月になると吉田内閣は、閣議でレッドバージ（注19）の方針を決定。「逆行体制」は、私たち周辺にもじわじわと浸透しはじめていた。私の友人O子は、女工として働いていた企業から「アカ」というレッテルを貼られ、組合の婦人部長をしていたという理由で解雇された。

「政府は労働者の権利を剥奪したのよ。アタマにくるわ。宇佐美さんも、アカハタを読んだり、『世界』（岩波書店で発行している月刊誌、この年創刊）など読んでいると、調べられるわよ」と注意された。「アカハタ」はすでに七月の時点で発売禁止になっていたので読むこともなかったが、この一八〇度の転換、反動はどういうことなのか。考えることさえ許されない状態となった。

自宅によく遊びに来た知人は国鉄に勤務していたが、第一次首切りの対象となった一人で、友人のO子と同様に解雇され、「生活ができなくなった。子どもを預けたい。それから、喰わして欲しい」と、自宅へ来ては実情を訴えた。母は、ひとりも二人も同じだから、私の分を少し減らせばよいと引きうけてしまった。

私は「しまった。やられた」と思ったが、母に従い、代用食をいかに美味に調理するか、このころ厨房で味噌汁ばかり作っていた。なんでも口に入れるものなら栄養になると思いつつ、料理バカの劣等の私が、いま味噌汁だけは友人から賞賛されるのも、この時の体験からだろう。

続いて、十一月には、旧軍人の追放解除があった。戦争を起こしたリーダーたちは「チャンス到来」とばかり、政界に打って出るという幕明けとなったのである。彼らは「戦争責任」をどう感じ、自省していたのか。甚だ疑わしいと憤満やるかたなかったが、私は私なりのパラダイムを見付けることが先決ではないかと考えることにした。

2 「逆コース」の道は歩かない

一九五〇年六月、朝鮮戦争が始まった。（注20）
十月になり、国連軍は朝鮮を二分していた三八度線を突破し平壌を占領する。日本の米軍基地沖縄からアメリカの戦闘機が北朝鮮に向かって飛行した。連合軍の朝鮮戦争に使用する武器製造は日本の企業に発注したので、不況で苦しんでいた日本の企業は息を吹き返し、いわゆる「特需」景気となり日本経済を潤した。「他岸の火事」を消すのではなく、間接的には火を放ったようなものであった。
レッドパージで解雇され、私宅に「食客」していた知人は、この特需景気の恩恵にあずかり缶詰工場に就職できた。「転向と言われても仕方がない。思想では家族を養うことはできない。妻も頑張っているから、俺も頑張る。しかし、良心までは汚すつもりはない。武器を製造しないだけよかった」と母と私に感謝し、私宅から引き上げていった。私には、激しい時代の変化の流れにどうすることもできず、怒りだけで逆らう術は見つからなかった。

知人は時折、凹んだみかんの缶詰を私宅に持参し、母と私は美味な甘いみかんを賞味した。母は、「世の中、だんだんよくなりそうね。経済的によくなっていくことを願うわ」と話していたが、私は、急激な変化には、追いついていかれないと実感していたが、単純な母には何も言えなかった。

朝鮮戦争が契機となり、日本はで講和論争が国民の間で起こった。私たちの話題は常に「単独か」「全面か」に終始した。「あなたはどう思う」「どうする」ばかりで、学校の授業は討議しつつ進められていたようだった。

3　民衆の抵抗

翌一九五一年九月八日、サンフランシスコ講和会議で、対日平和条約は調印された。結局、単独講和であり、同日、日米安全保障条約も調印された。周知のように、米国に同調する四八か国が調印した。中国・韓国・北朝鮮は招待されたが調印せず、多くの問題を残した。そして占領を終結させたということになったが、こんなことで民衆はひるむわけはない。あの戦争で日本は、民主主義を勝ちとったのである。国民の間では、民主主義を護り「片面講和」反対の運動を各地に拡大する運動をしていったのである。

条約には「外国軍隊の日本国の領域における駐屯又は駐留を妨げるものではない」（サンフランシスコ平和条約の部分）と記され、これにより、西側陣営との戦争状態は取りあえず終結したものの、ソ連他、社会主義の国家とは、相変わらず戦争状態は続いていたことになるのである。ところが、外国軍隊が依然として駐屯、駐留できるという。全く独立国家ではなく、矛盾だらけの論理に終始していた。

私は、友人と安保反対デモに参加。国会はデモ参加者で二重、三重に包囲されていた。

私の帰宅は、夜十時を回っていた。母には「シャンソンの夕よ」と言い訳をしていたが、孤独と徒労、空しさだけが残っていたようだった。母は、黙して何も語らなかったが、一九四九年以来、相続く不可解な事件、下山事件、松川事件、三鷹事件などのショッキングな事件の未解決報道に接し、私が示威運動をすることを憂いていたようだった。アクティブであった友人も、この事件以来、若干行動がパッシブになり、私に「この未解決事件は、『思想的な底流』があり、あまりやりすぎると、ぱくられるからよそうよ」と言い、私も納得し、いささか消極的になっていった。友人は勉強することに集中、運動から離れていった。

しかし、「世にも不思議なこの事件」の犯人と考えられた人物は逮捕されたが、矛盾だらけのもので、次第に真実が明らかになっていく。一九六三年九月十二日の『朝日新聞』の夕刊で「松川事件」については、最高裁が被告全員に無罪をくだしているが、事件から一〇年以上もかかった。「真実は一つ」、私は、松本清張著『日本の黒い霧』や、広津和郎らの発言、評論、『中央公論』（緊急増刊、松川裁判特別号）などを読み、「戦後喪失」かと不安だった。

一九五二年五月一日は、私にとって忘れることのできない日である。いわゆる「血のメーデー」であり、この日は、すでに私は小学校で正規の教諭として教壇に立っていた。

東京の神宮外苑には約四〇万人以上の人びとが集まったという。「再軍備反対」「民族独立」「植民地化反対」などのスローガンをかかげてメーデーは実施された。皇居前の広場から、神宮外苑に移ったのである。皇居前広場が中止になった理由は、講和成立後、政府が中止を決めたからというが、人びとは、皇居前広場を「人民広場」と命名していたからだと考えられる。

第 29 回メーデー。お堀端通りから国道 1 号線へ行進（昭和 33 年＜1958 年＞5 月 1 日）（出典:「小田原の昭和史」内田清氏提供）

解散後、デモ隊約八、〇〇〇人の参加者が、人民広場と言われた皇居前に集まり、五、〇〇〇人の警官隊と衝突、武器による弾圧が行われた。警棒でなぐる、ピストルを発射する、催眠弾を投げるなど、権力は実力行使に打って出た。デモ隊はプラカード、投石で応戦。皇居前は騒乱状態と化した。

この事件で、デモ隊は死者二名（法政大学学生・近藤巨士二二歳、都職員・高橋正夫二三歳）、重傷七九名、軽傷七五三名、逮捕者は一、二〇〇〇人以上だったと言われている。政府は、この事件を機に「破壊活動防止法」を閣議決定し、同時に労働組合の弾圧に乗り出し、労働者の権利を制限したのである。

すでに故人となられた私の大先輩である市野キミ先生は、このメーデーに参加、この事件に遭遇した。市野先生は、この日の体験を私に語った。

「若者を再び戦場に送ってはならない。私は、戦時中、子どもたちに予科練を勧めてきた。だから止むに止まれずこのメーデーに参加した。何人かの子どもが散った。参加することは、亡くなった子どもたちへのレクイエムである」

しみじみ語った市野先生は、いま日本が再び逆行していく状況を、どのようにみているだろうか。

一九六〇年、第二次岸内閣成立、一月十六日には、新安保条約調印全権団が渡米し、再び、安保問題が浮上する。

4　民主主義の危機

一九六〇年一月十六日、岸首相ら日米新安保条約調印全権団は渡米し、十九日に「日米新安保条約」「行政協定」が調印された。

忘れもしない。この年の六月十五日夜、国会デモが行われた。この夜、デモに参加していた全学連の東大生・樺美智子が、警官によって虐殺された。国会を二重、三重に取り囲むデモ隊に参加していた人は、一般の人びとなのである。

一九六〇年六月十五日の安保反対デモは、まったく組織を持たない人びとも参加。「安保反対」「岸内閣打倒」のプラカードを持ち、チラシを配布する群衆で広場は埋めつくされた。この時、フランスデモといって、大勢の人が手をつなぎ、道路いっぱいに行進するという光景もみられた。「声なき声」の人びとは、静かに静かに歩いた。老人・子ども・赤ちゃん・お母さん・おじさん・おばさんたち。

私は、病気静養中だったので、テレビを見てはベッドの上で安保反対の声を張りあげていた。安保は同日、自然成立。涙と雨。疲れきった民衆は、夜明けまで立ち尽くしていた。翌日、市野先生は私宅にみえ、号泣していた。先生はこの時、乳癌の手術直後であった。胸痛に悩まされ、私に、「再び、ファシズムの時代になりますよ。暴力です。力のある限り私は闘いました」。

七月になり、私は病気も癒え、ようやく教壇に立つことができた。「何かをしなければ」と、私は女教師仲間とサークルをつくり、読書会を持った。読書会の名称を「R会」とした。「R」とは、resistanceのことである。

『日本歴史講座』(河出書房)をテキストに用い勉強、討論会をし、時に今日的問題「新安保」「警職法」をテーマに、夜更けまで続けることもあった。私は「声なき声の会」のパンフレットに刺激され、小冊子「R」を作った。

一〇号を出したころ、私宅に怪電報が配達された。「R」の発行はやめろと、脅迫めいた内容であった。それから数日して、勤務先のＹ校長が、私に「Ｒ」の発行と配布をやめるように注意した。校長先生の自宅に「Ｒ」についてやめさせるように警告したらしい。そして、校長は言った。

「これはあくまでも私の個人的見解として警告したまでだが、安保は日本国家を防衛するためには重要な法律である。独立国として位置づけられたからには無防備であることはどうだろうか。当然アメリカの基地も必要である。『Ｒ』は、教育の中立性という立場に立って客観的に考えても片寄っていると私は思うので、ただちにやめるように」

業務命令ともとれるような発言であったが、黙って引っこむ私ではない。「やめます」とは言ったものの、帰宅後、せっせとガリ版を切っては書き続け、同僚や友人に配布したが、打てば響くというような反応はなく、無関心であった。「怒り」と「悲しみ」と「焦燥感」だけが私の胸を打ち、痛んだ。安保闘争も路線の相違で分裂し、空しさだけが残った。「Ｒ」も、このころより途絶えがちになり、十六号まで発刊しただろうか。その後、自然消滅し、読書会も解散した。

第六章　高度成長期と消費社会

1　消費は美徳の矛盾

一九六〇年代、池田勇人総理が所得倍増計画を打ちあげたことは周知であろう。新安保成立後、「これでいいのだろうか」と呻吟しつつ日々が過ぎていった。あの国会を取り巻いた民衆の熱気は持続しながらも、一方では池田総理の所得倍増政策にかすかな期待を寄せるなど、複雑で矛盾する心境であった。

というのも、知人は、「新技術の導入によって生産力は倍増し、資本投下は拡大、年平均の経済成長率は、一九三〇年代の一〇倍にもなった。ＧＮＰもドイツを抜いてアメリカのつぎ、世界第二位にのし上がっている」と私に説明したが、あまり私には実感がなく、新聞の報道で知る程度の知識しかもてず、批判することもできず、知人がテレビを買いかえたり、家屋の改築をしたりしているのをみて、羨望だけが募った。

しかし、経済にうとい私が、経済的に豊かになったことを実感したのは、私宅に電気器具が配送された日であった。母は、荷をほどき、電気洗濯機を狭いキッチンに備えたことで相好をくずし喜んでいた。でも、結局、母は以前と同じように洗濯板で固形の石鹸を使用し、ごしごしと洗っていた。電気洗濯機の普及は、「生活革命」と言われ、爆発的に売れたことは言うまでもない。

家庭生活にも大きな変化をもたらした。耐久消費材である電気器具（洗濯機・電気炊飯器・電気冷蔵庫、それに掃除機）の普及と、何よりも私の欲望を満たしてくれたのは食生活であった。戦時中の貧しい食生活の反動か、疑問すら持たず満腹感を覚えた。

ある日の宇佐美家の夕食のメニューを、当時の日記から再現してみる。朝食は、パンにバター、ジャムをたっぷり付け、卵（目玉焼き）、きざみキャベツ、牛乳、コーヒー、デザートにケーキ一片を賞味している。夕食は、主食が白米、焼魚、一汁三菜、デザートは、緑茶と和菓子（以下略）。

私は日記にこのような食べ物についてメモしていたのである。年月日は、不明〇年八月一〇日とある。現在の私の食事とさほど変化はない。

私宅の周辺に、雑貨店とし繁盛していた小売店が改築し、商品が山のように積まれ、コンビニエンス・ストアに変わったのはこのころだっただろうか。消費者にとっては一か所で多種類の物品が購入できるので利便性も高く、またその集客エリアは広く、小田原市内だけでなく足柄上郡や下郡からも買い物する客が多く、ストアは賑やかな様相を呈していた。高度経済成長は「消費市場」を広げ、耐久消費材の普及と照応するかのように、贅沢があたりまえのような日常生活となりつつあったのである。

私も母と、買物かごに山のように日用品や食品を買い求めていた。こうして人間のあくなき欲望の熾烈さに惑わされながら、河の流れのように時代は過ぎ去っていったのである。

2　農村の変化・都市への移動

一九六〇年代後半から七〇年代にかけて、農村から都市への人口移動が増大したことは周知であろう。

東北地方の農村から若年層の人たちが、都会へ集中した。中学校（義務教育）の卒業生は「金の卵」と賞賛され、大企業の下請会社へ引っ張られるように就職していった。「集団就職」の子どもたちを乗せた臨時列車は、東北の農村地域から京浜工業地帯へ向かって連日、運行された。家族に見送られ、中学校の卒業生は上京してきた。急速に進む重化学工業を支える「戦士」として彼らは、都市へと流出、経済大国日本の礎となっていったのである。

省みれば、戦時下、戦争協力に狩り出され、大日本帝国日本の礎となるために、都市の子どもたちは東北の農村へ特別の臨時列車に乗り、空襲を逃れるため「集団疎開」をした。毎日、家族に見送られ、彼らは農村へと流出していったのである。しかし、同じ「集団」でも、いまはあの時の状況とは全く異質である。あの時、駅頭で見送った家族、校長先生はじめ先生方、在郷軍人会、国防婦人会、地域の方々、だれもが悲痛な思いを抱きつつも、おくびにも出せず、これが今生の別れとなるかも知れないと思いつつも、「天皇陛下の御為に、なんで命が惜しかろう」「万歳、万歳」と声を張りあげて見送った。内実、やりきれない心情であったろうと思う。

しかし、いま、あの時と同じように駅頭で見送る家族、中学校の先生方、村長さん、役場の職員の方々、近所の人たちは、子どもたちの出発に未来をたくし、その表情は明るく、都会で労働する子どもたちに期待を寄せていたに違いない。

こうして一五歳の少年少女たちは「ふる里」を離れ、新しい厳しい社会へと一歩を踏み出したのである。

一九六四年、発売された井沢八郎の作詞・作曲の流行歌「ああ上野駅」は、当時、多くの人びとに歌われヒットした。私は、いま、この歌を口ずさみながら、この拙稿を書いている。記憶力の鈍い私でも、メロディとともに不思議とスムーズにペンを走らせることができる。歌詞の一部を引用させていただこう。

①どこかに故郷の香りをのせて
入る列車のなつかしさ
上野は俺らの心の駅だ
くじけちゃならない人生が

あの日ここから始まった
③ホームの時計を見つめていたら
母の笑顔になってきた
上野は俺らの心の駅だ
お店の仕事は辛いけど
胸にゃでっかい夢がある

私の友人の夫、舟越昭治氏は当時、中小企業Ｓ（相模か）運輸会社の総務部長であったので、毎年、三月の卒業式を控え、東北地域の中学校を訪問し、中学生の就職を予約してくるということだった（聞き書き。故舟越昭治の妻より）。大企業のなかには、高校を併設したり、地域の定時制高校に通学させることもあった。子どもたちにとっては、せめて高校へは行こうという意識は高く、技術習得の道は拓かれていた。学ぶ意欲さえあれば昇進することは可能で、努力次第で「たたきあげ」から、企業のトップになるチャンスはいくらでもあった。

私の女学校時代の同級生・滝井は、青山学院大学を卒業すると、小田原のＤ毛織Ｋ・Ｋの併設高校の専任講師として国語を教授していたが、女工さんたちの学習に対する意欲は、普通高校に通学している生徒の比ではなかったと私に話した。「これが本当に『学ぶ』ということでしょうね」と。

中村正則著『戦後史』（岩波新書）によると、一九六〇年には、専業農家が約三五パーセントであったが、六五年には二一パーセント、一九七〇年代に入ると一六パーセントと大幅に減少した。就業人口に占める農業人口の減少を示している。つまり、専業農家の収入より兼業農家の収入のほうが、はるかに高いことは明らかで、農業以外の収入は都会への「出稼ぎ」から「新しい労働者」形態に変化したのである。

野良着に地下足袋、木綿の手拭いを首に巻いた素朴な農業労働者から、ワイシャツにネクタイ、スーツに革のカバン。まさに典型的な都市サラリーマンの格好いい姿になっていったのである。

二〇一一年三月十一日の東日本大震災から今年は四年を経過した。この間、政治・経済・社会は大きく変化した。これは日本ばかりではなく世界全体がそうであった。

企業中心の利益優先社会を目ざす政治体制は、一九七〇年代になるとオイルショックで急速に衰退し、前途有望といわれた「企業戦士」たちも、企業の倒産・縮小により、解雇の対象となった。

加えて、歴史上、希有な大地震、大津波に遭遇した東北地方、自然災害のみでなく、人災による原発事故。何年かぶりに故郷に戻った彼らは、あまりに変貌した「わが町」「わが村」、そして「わが家族」、なつかしい「幼馴染」に思いを馳せ、荒廃した「わがふる里」へ「回帰」する者も多かった。〈ネクタイ〉〈スーツ〉を脱ぎ捨て、地域再生に向けて「再出発」をはじめたのである。人間の幸せは金儲けだけではない。彼らは、畑を耕し、人と人との触れあいをすることで、幸せを得るだろう。「ふる里回帰再生」である。

この再生の意は、政府のいう「創生」ではない。権力のお仕着せとは異質であることであり、「自身の生まれ、育ったふる里へ戻り、「ふる里」で人間として、人々とつながり、未来を拓くということである。

3　公害に悩む市民

いつごろだったか思い出せない。一九六五年ごろだと記憶するが、子どもたちが、「先生、酒匂川に鮎が浮いているよ」と私に話した。私は一瞬とまどったが、確かに、近づくと周辺に異臭が立ちこめていたのである。私は汚染された泥水を見つめ、バケツを持って死んだ鮎をつかもうとしていた子どもたちに注意し、教室に戻した。

異常な状況に校長は、職員を集めて臨時職員会議を開き、つぎのようなことを職員に指示した。河川に子どもたちを入らせないこと。水田に素足で入らないこと。魚は絶対に採ってはいけないこと。職員は、清澄であるはずの酒匂川の支流の淀んだ水溜を確かめ、「公害」の恐怖を実感した。

このころ、カドミウムによる「イタイイタイ病」はじめ水俣病などが顕在化し、政治的、社会的な大問題となっていたのである。

山と海、温暖な気候に恵まれた小田原地域の自然環境も、高度経済成長の「負」の部分を背負う羽目になってしまったのか。水質汚染、大気汚染で、人間を再び「死」へと誘引するような時代が迫りはじめていた。Ｆ化学研究所に勤務していた知人は、「偉いことになった」と悔やんでいた。彼は、研究所を定年前に退職し、郷里へ戻って、夫婦で自然農法の研究に努力を傾注することになった。

第七章　女性史との出会い

1　職場での男女差別

本章では、やや視点をかえて、私の研究分野である女性史への道程を述べていきたい。私が、女性史を学ぶことになったモチベーションは、小学校の教師をしていたころである。学校の運営組織の校務分掌の中で感じたことが多々ある。

いくつかの例をあげておく。例えば、「夫が校長先生候補だから、妻であるあなたは家庭に入って、教師を辞めたほうがいいですよ。そうすれば、あなたの夫は校長先生になれますよ」と。こうして、夫婦共働き女教師は、「私が辞めて、夫が校長に昇格するなら辞めます」と言って、止むを得ず退職する。

当時は「女教師四八歳定年制」と言われた時代。このころ私は、校務分掌では図書館主任で、私と同僚のＳ（佐藤）先生は音楽主任であったが、新校長になって、二人は主任を下ろされ、係りにされた。主任は今春大学を卒業し、新人として赴任してきた男性教師。私とＳさんは、「どういうことですか」と抗議した。校長先生曰く、「共稼ぎ教師は、家庭がうまく守れない。女は早く帰宅し夕食を作って夫を待ち、共に家族で食事をすることで夫婦円満になる。家庭がうまくいけば、夫と妻は教師として立派な仕事ができ、教育効果が上がる。共稼ぎだといって男女が平等に仕事をすることはない。男教師（夫）を女教師（妻）が支えることで、はじめてよい効果が得られる。あなた方は男女同権を曲解している。私の学校運営方針に反対するなら転勤しなさい」。

早速、翌年の三月に、二人は転勤希望を出して他校に転勤した。このころから一九六〇年ごろまでは、女教員受難の時代であった。一九五六年、県下市町村の財政逼迫を理由に県下小学校女教員は、七〇〇名もの人たちが、首切りの対象となった。夫のためにという理由である。しかし、有夫女教師たちは、立ち上がったのである。

ところが、転勤先の職場でも男女の差別を実感していたのは私たちだけでなかった。私たち二人はまだいい方で、妊娠していた女教師は、産前産後六週間の休暇がとれなかった。組合の婦人部の闘いで勝ちとっても、実態は権利を行使することができず、出産予定の日まで勤務していた。

佐藤先生は、足柄上郡の南足柄小学校に転勤。私は、小田原市内Ｓ中学校へ転勤したが、ここでも、女性教師は三年生の担任になることは困難であった。私は校長先生に、「何故、三年の担任を女性教師に持たせないのですか」と抗議した。校長は、「私は、そんなことを言っていません。男女は平等ですから」。私は狐につままれたようだったが、納得して引き下がった。ところが、このＳ中学校に、私は一〇年以上も勤務したが、教師としての評価は生徒によると思っている。このあとH中学校に転勤し四年間勤め、間もなく私は教壇を去り、教育する側から教育される側へ、再び学生となった。「学ぶ」ことの本当の意味を再認識するために。

2　忘れえぬ女教師群像

教職にあったころ、多くの先輩、同僚の人びとにお世話になった。紙幅の関係で、ここでは三人の女性教師について記しておきたい。その三人とは、千葉菊子・渡辺曽乃・市野キミである。

さて、戦後の民主化政策の一つに労働組合の結成がある。小田原教職員組合（現西湘地区教職員組合）も一九四六年に設立された。同時に、婦人部（現女性部）も結成され、初代婦人部長が千葉菊子であった。戦後、「婦人解放」「平和教育」「男女同権」を旗じるしに立ち上がった全国の婦人たちは、二度とあの恐ろしい戦争にまきこまれたくないという反省と平和の願いをこめて、各地域で活動を展開した。

小田原教職員組合婦人部も「教え子を再び戦場に送るな」というスローガンをかかげて華々しく立ち上がったのである。そのパイオニアでもあるリーダーが千葉菊子である。

千葉菊子

千葉は一九〇五年(明治三九)、北足柄村矢倉沢に生まれた。彼女の生まれた矢倉沢は山村地域であったため、薪炭生産を生業とする農家が大半であった。一方、蚕を飼育し副業とし、大正期には、養蚕業は次第に地場産業となっていった。怜悧な彼女は、尋常小学校高等科を卒業すると、女子師範学校(横浜国大)へ入学し、二四年(大正十三)、同校を卒業し、神奈川県内の小学校訓導となる。教師として、戦前・戦中の厳しい時代を切り抜け、敗戦後は、戦中の教師時代の反省から、「男女平等」「婦人解放」を提唱し、婦人解放運動を展開する。彼女は小田原教職員組合の婦人部の初代部長に選任され、活動の場を広げていった。小田原教職員組合婦人部の第一回総会での彼女の挨拶は、情熱的で婦人教師たちを魅了したという。

千葉は、師範学校在学中から詩歌を作り、多くの歌集を残している。すでに、一九二四年(大正十三)には、歌誌『香蘭』に短歌を投稿、三五年(昭和一〇)には同人に推挙されるなど、歌人としても有名であった。敗戦直後、小田原教職員組合が発行した季刊誌『泉』(故穂坂正夫編集 四八年(昭和二三)四月号 第一号)に「書物」と題してつぎのような詩を寄せている。

留守に訪ねて来た人は
報徳記を置いていった。

千葉菊子

会わずに残念だった　とも思い
会わずによかった　とも思った。
だが、彼の人は
飢えがかわく者の如く
書を読もうとする私に
報徳記を読めというのか
否　否
ローザルクセンブルクよ
メリー・ウォールストンよ
私は苦難の女性と
世紀を越えて語りたいのだ。

この詩から彼女の心意気が読みとれよう。この当時、ドイツで活躍した女性革命家のローザルクセンブルクの著作は、当時、女性たちに圧倒的に読まれていたベーベルの『婦人論』と同じように、女性たちにとっては一種の流行となっていた。私は、後述する渡辺曽乃からベーベルの『婦人論』を、千葉からはローザルクセンブルクを勧められた。ローザルクセンブルクに興味を持った私は著作を読みあさったこともある。

千葉が、「男女同権」「女性解放」に命をかけるまで思いをはせたことは、彼女自身の体験が底流にである。それは、湯山厚氏（歌人）からうかがったエピソードである。千葉菊子の夫は、早稲田大学の出身で、小田原町立高等女学校（城内高校）の国語の教師だったが、体調が悪く長期にわたり休職し、療養していた。彼女は、二人の子どもを育てながら、夫の療養費や家計を支え苦労した。彼女は、何とか教職と家事を両立させるために、夫の扶養を行政へ願い出たが、返ってくることばは、「女は、本来、男が扶養するもので、女が男を扶養するというのは筋が通らない」と冷たくあしらわれたと言う。このような実体験があったからこそ、戦後、「女性解放」「男女の地位の平等」に取り組んだのである。

ところが、日本国憲法下、男女は同等の権利を獲得したにもかかわらず、理想と現実は乖離し、女教師たちは、即「男女差別撤廃」の運動を展開することからはじめたのである。

その一つが、産前産後六週間の育休完全実施にむけての戦いであった。出産予定日の二日前まで教壇で授業をしていたなどという事例を調査・整理し、資料をまとめ、ここから取り組んだ。父母から、妻帯者は担任を敬遠されたり、受け持ちの教師が「男」でよかったなどという声に対して千葉は、男と女の性別による差別を徹底的に糾弾し、「女教師と父母の会」を立ち上げた。

千葉は私に、「出産・育児・家事のすべてを私一人でやっていて、『男女平等』もないわね。まず経済的に女性が自立し、地位を平等にしなければ、日本の女性の未来はない」（聞き書き）と話した。それ以来、小田原教組の婦人部をリーダーとして引っ張ってくれたのである。

一九五一年（昭和二十六）、千葉は小田原市立白鴎中学校の副校長に就任。初めての女性管理職となった。五四年（昭和三十一）退職。退職後は小田原や県婦人団体の会長を歴任。七六年（昭和五十一）

勲五等瑞宝章を受章。八五歳で他界している。文字通り、多才の人であり、一貫した意思を通し、女性の社会的地位の向上に向け邁進した。いま、千葉は小田原市城山二丁目の黄檗宗慈眼寺に静かに眠る。

渡辺曽乃

千葉菊子と期を同じくする渡辺曽乃は、旧姓志村曽乃。一九〇五年（明治三八）、足柄上郡下曽我村に生まれる。私は、渡辺曽乃から「学ぶこと」「知を磨くこと」の意義を指導していただいた。

私が代用教員のころである。師範学校出身の女教師の一人である渡辺は下駄ばき、モンペ姿で、私には怖い存在であった。ところが、素朴でヴィヴィッドなその人。

渡辺曽乃

渡辺「宇佐美さん、あなた何歳？」

宇佐美「一八歳（当時は数え年）です。女学校を三月に卒業したばかりです」

渡辺「そうですか。あなたは読書家ということのようですが、いま、どんな書物を読んでいますか」

宇佐美「なんだろうか？　敗戦後は、父や兄（二人とも故人）の書棚から、小説や哲学を読んでいましたが、いまは、教えることが大変で、机の上に積んであるだけです」

渡辺「教師は教育指導技術が一番大切。日曜はどうしているの？」
宇佐美「一日中、寝ています。食べて、寝ているだけです」
渡辺「怠けものになりますね。教師は、知を磨き、ものを考えることが大切。それには、教育技術のことだけではなく、幅広く教養を身につけることが大切です。読書して下さいね」

渡辺曽乃も歌人としてつとに有名で、前出の『泉』に短歌四首を載せている。当時『泉』の誌名は『礎』と題していたが、『泉』と改題したのは彼女で、「湧き出る泉の如く強い力」という意味だったと湯山氏は言う。職員室の渡辺の机には、週刊誌ではなく、羽仁五郎著の『ミケランジェロ』や野田文夫の『ルネサンスの思想家たち』などの著書が置かれ、月刊誌『世界』があった。

渡辺を慕う女教師たちは多かったようだ。骨太で、それでいて繊細な彼女の短歌を二首あげておこう。

　ついにいのちとなることのなき無精卵とりいだす手に温みを伝う
　我にきて戻り行きしが再びを舞ひきし蝶の何を求めて

彼女は、町田小学校から、千葉と同じ白鴎中学校へ転勤したが、家業を継がねばならず退職する。

確か渡辺は、千葉のあとを引き継ぎ小田原教組の婦人部の二代目部長として、組合活動をしている。

千葉が、「男女平等」「女性解放」「男女同一賃金」を高らかにプロパガンダするなかで、彼女は、「言論と学問思想の自由」「文化活動の推進」は、「まず女性から」がモットーであった。温かく、そして骨太で「読書家」で、「知」の人、「情の人」であった。戦前から戦中にかけて、私は多くの子どもたちを戦場に送り出したと述懐し、いま、「自由」であることをしっかり守ると言う。

市野キミ

書庫を整理していたら、雑誌に掲載されたエッセイ「市野先生のこと」と題した拙稿が出てきた。赤茶けて、かなり痛んでいた。市野の人柄を知る手がかりとして、つぎに掲載する。

市野先生のこと

確か、城址の桜の蕾が膨らみかけているころだから、三月の彼岸であったと記憶する。

一抱えもある生花の束を、小脇に抱え杖をついて、海岸の方へ歩いていく市野先生にお会いしたのは。

片方の手で持ちにくそうに、ぎっしり詰まった花の束を抱え、もう一方の手で杖を握りしめ、全身を支えるようにして歩いている。私は一瞬「市野先生だろうか」と、戸惑った。長身で、きびきびと、さっそうと歩く先生のイメージとは程遠いその人。杖をついて足を引き摺るように歩行されている姿に、見誤ったかと思った。しかし、その人は

市野キミ

紛れもなく市野先生だった。

「先生、市野先生でしょう。そんなに大荷物を抱えて、どこにお出かけですか」

道路を挟んで相対しているので、私は大きな声を張り上げて呼び止めた。先生は立ち止まり、花束を足元に置くと、腕を背に廻し、反るようにして「ポン、ポン」と腰を叩いた。空を見上げて深呼吸をすると、あのいつものにこやかな笑顔を私に向けた。先生は、もともと痩身ではあったが、私の知る市野先生の風貌ではなかった。げっそりとやつれ、顔色はなかった。

「そんなに、たくさんの花を持って、どこへ行くのですか」

詮索好きの私は、相手の迷惑も省みず一方的に問いかけた。しばらく先生はためらっていたが、私の強引で、軽率な質問に仕方なくぼそぼそと語ってくれた。

「私は、あの戦争（アジア・太平洋戦争）で、教え子を戦場へ送り出したのです。戦時中、私は高等科一年生、二年生の子どもたちを受け持っていました。日本の将来を背負っているのは君たちだ。お国のために少年航空兵になって戦争に行きなさいと、少年航空兵になることを勧めました。命の大切さを教えなければならない教師が、命を捨てることを教えました。クラスの何人かの子どもたちは、空へ飛び立って南の海に果てました。私は人殺しをしたのです。大切なかけがえのない命を戦場に駆り立てたのです。人を殺したものは、罪の償いをしなければなりません。だから、こうしてお彼岸のお中日に戦死した子どもたちへ花をたむけて詫びているのです。詫びて済むというものではありませんが」

この言葉に私は愕然とした。

このことは、先生にとって誰にも知られたくない、言いたくない、心の深奥に秘めておきたいという「負」の部分であったに違いない。辛く、重く、痛い部分であったのである。それを私は、残酷にも抉ってしまったようだ。先生にとって、生涯忘却することの出来ない重い痛みを、私は私の強引さによって吐き出させてしまった。

私は、先生の壮絶な生き方に触れて返すことばもなく、ただ自身の軽佻浮薄な行動に、おろおろと立ち竦むだけであった。

△　△　△

ひょんなきっかけから、私は市野先生を知った。一九四六（昭和二十一）年、私はまだ生徒（旧制女学校）であった。戦後の混沌とした不安な社会状況の中で、人々は食べるだけが精いっぱいだった。空腹を満たすために食を求めて、人々はあてどもなく街中を彷徨していた。精神の支柱であり、目標であった軍国主義国家建設のビジョンを失った私は、これから何をしていいのか、どう生きていったらいいのか迷っていた。信じていた国家の制度や秩序が「ガラ、ガラ」と瓦礫のように崩れ、つぎつぎに変転していく日本の姿に、ただ「あれよ、あれよ」と、見過ごすばかり。国家に騙されたと思った。何もせず精神の不毛をどうしようもなかった。そんな時、市野先生に初めてお会いしたのである。

若く溌剌とした教師であった。先生は同僚の女教師たちと「読書会」を開いていた。私は、女子師範学校（現横浜国大）に行っていた先輩のKさんに誘われて、その「読書会」に参加した。五、六人のグループであった。どうやら市野先生がリーダーであったようだ。メンバーは私よりせいぜい二つか三つ年上の若い女教師と、師範学校の学生たちであった。彼女たちは、みな粗末な服装をしていた。

継ぎの当たっているモンペ姿の人や、戦時中、肌身離さず持っていた雑嚢袋を肩にかけていた人も居た。彼女たちの目は輝き生き生きとしていた。「口角あわをとばす」という雰囲気がぴったりだった。みな一所懸命に討議している。私はいっぺんにその輝くような瞳の虜になってしまった。ぶつぶつと人の所為にして何もしない自分が恥ずかしかった。それ以来市野先生の強烈な印象は、私の心に焼きついた。

△　　△　　△

「安保反対」「安保反対」の声は、空高く響き、国会は人々によって幾重にも包囲されていた。一九六〇年。この年は、政治の熱い年であった。一九五〇年代における「血のメーデー」以来の人民の蜂起であった。「安保」については、私も深い関心を寄せ、事あるごとに、友人と「学習会」を開き研究をしていた。その年、春とはいってもまだ肌寒い日が続いていた。ある夜、市野先生から電話があり、「これから、国会へデモに行きますが、ご一緒に行きましょう」と誘われた。あまりにも唐突な誘いに私は、即答できなかった。

「平和を守るために、権力と闘いましょう。私たちは、いやという程、戦争の恐怖や辛苦を舐めてきたんです。二度と過ちは許されません」

私は、ていよく断った。時間的にみて、帰宅が夜半から、明け方になってしまうだろうと思ったからだ。「安保」の内容を知れば知る程、ただちに国会に行って私自身の意思を反映すべきだと思う。しかし私は社会科の教師である。教育という現場の中で、生徒たちとじっくり、日本の将来については語りあえるだろう。私は教えるという作業を通して「平和」の問題を考えていきたいと思っていた。

「行動しなければ駄目ですよ。宇佐美さん」

先生は、電話を切った。私はぬくぬくとした布団にくるまって、何万人かの群衆の中で、スクラムを組み夜の国会周辺をデモしている先生の姿が脳裏に焼きついて離れなかった。翌日、市野先生は私宅にみえた。（前出）

△　　△　　△

教え子の墓参は、一九四六（昭和二十一）年から続き、雨の日も、風の日も一度たりとも欠かしたことがないという。

墓参の日の邂逅から、私は先生の隠された一面を知った。

杖をついて背を丸めて遠ざかっていく後姿に、私は偉大な教師像を見たような気がした。

△　　△　　△

半年後、先生は病気が再発し入院された。そして、間もなく先生の訃報を知った。

右の拙文は、『自立と平和』（注21）（□月号、勝又会計平和問題研究所）に掲載したものだと思うが、はっきりしない。これにより、市野キミの人間性が理解されるであろう。

3　女性史を学ぶ

日本国憲法は、「男女平等」を明確に条文とした。しかしながら、前述したようにそう簡単に旧来の陋習は払拭できるものではなかった。依然として「男女の格差」は続き、男女平等は机上の空論ではあったが、小田原地域では、比較的早く、戦争を体験した女性たち、女学生、女子青年団の人たちが二、三人集まっては、読書会や勉強会をささやかではあるが開いていた。

暗中模索の状態ではあったものの、「二度と戦争はいや」「しっかりなにかを学びたい」というシチュエーションであった。まず、「家事から解放されて、自由に何か考えてみたい」「何か知りたいことがたくさんあるのよ」。私の周辺からは、このようなつぶやきが多く聞かれた。

小田原市では、一九四九年六月、社会教育法の成立以来、積極的に社会教育の推進に力を入れるようになり、活動の幅を拡げることで市民の声を吸い上げ、その声に報いるように努力を傾注した。一九五七年十一月に公布された教育委員会法に基づいて、小田原市の教育委員会の組織がかなり細密になり、事務分掌が決められた。それによると社会教育課は、大別すると社会教育係と社会体育係があり、前者は文化活動が中心で、後者は社会体育・レクリエーションに収斂され、展開された。

私の母は、レクリエーションを希望し、ダンス部に入ったが、無理だったようで、料理教室に申し込んだ。当時、社会教育の係長であった市川泰子氏は、そのころの様子をつぎのように話す。

「戦後、男女が同権になったのだから、女性の歩んできた歴史を学ぶ講座を開催してみたいと、市長に提言しました。確か鈴木十郎市長だったと思う。市長は、二つ返事で喜んでくれました。早速、広報で募集したら、申し込みが殺到しました。定員オーバーでした。女性が九〇パーセント以上に対し、男性は、一〇パーセントにも満たなかったと思います。家庭の主婦・女学生・お手伝いさんが多かったです」（宇佐美　聞き書き）

市川氏は、その後、これが契機となり、退職後、「ひろこ・いちかわカルチャーサロン」を開催、『いおり』という同人誌を発行している。係長時代、市川氏は、「行政」というパブリックな側面からある枠があったせいか、政党に関係ある講師の招聘は無理だったようで、私に「残念だ」と、不満をもらしていた。むしろ、退職後の「ひろこ・いちかわカルチャーサロン」の方が、自由であったのではないだろうか（本原稿の校正中、市川泰子は、二〇一四年三月死去された。心からお悔やみ申し上げる。合掌）。彼女のいきいきと活動していた姿が目に浮かぶ。

それはさておき、この時期、企業の労働組合の婦人部・地域の婦人会などの「学びたい」という意識が芽生え、活動も活発化していった。ラジカルでリベラルな地域の女性たちの行動は、「良妻賢母」を日本の女性の理想とした主婦たちの座に一石を投じたもので、母親たちを変容させていったと言っても過言ではないと思われる。

私は、三、四人の仲間と読書会を開催。知人の美容院の待合室で、夜、一冊の著書をテキストに使用し、早速読みはじめた。使用したテキストは、当時、流行となっていた井上清著『日本女性史』（三一書房、一九四九年刊）である。当時は、どこのサークルでも申し合わせたように、本書が利用されているので、同書のことを、通称「井上女性史」と言い、女性史を学ぶ人の座右の書でもあった。私自身「井上女性史」を精読したことで、その恩恵ははかり知れない。現在、私の書棚には、セピア色にあせた「井上女性史」の初版本が、他の書籍と並列している。埃にまみれたその本は、ひときわその存在感を示しているかのようだ。表紙はボロボロだが、書き込みでずいぶん勉強したなと、いま、その本に触れるといとおしい。

時を同じくして、村上信彦著『明治女性史』上・中・下（理論社、一九六九年〜七三年刊）も広く読まれ、両者の違いが明確となった。「井上女性史」については村上らの批判があり、階級闘争史観に基づいた理論は女性の生活実態が明確ではなく、「労働解放」の位置づけで、女性史研究を概念化していると、「井上女性史」に厳しい目がむけられた。私が、本格的に女性史を学ぶことになったのは、職場の先輩たちからの教示、体験からの知見によるものではあったが、歴史学の研究分野として学ぶことになったのは、教職を退職し、大学院に入学してからであった。

二五年の教師生活から一八〇度の転換をしたことで、友人から「無謀すぎる」と忠告を受けたが、相変わらず脳天気の私は、「なんとかなるさ」と、あっけらかんとしていたが、さすがに不安であった。私が受験したころの大学院は、まだアカデミックな権威の象徴であり、四〇歳をすぎての学生生活は、面映さもあったが、決心したことだからと開き直ることにした。幸いにも、大学院棟の近くに女性ばかりが入居できるマンションがあり、そこへ入居し、じっくり落ち着いて勉強できる環境も整った。

院生は、若い学生ばかりかと、若干、不安だったが、驚いたことに、七〇代の男性、六〇代の女性、四〇代の女性（私）、三〇代の男性が入学していた。七〇代の男性は、広島高師（現広島大学）出身で、中学校（旧制）の校長先生だったようで、定年後、再び学びへの道を歩みはじめたと言う。六〇代の

自由と進歩の大学、わが母校・法政大学。
58 年館校舎

私の大好きな言葉・論語
（法政大学第 2 校舎）

ボアソナード記念館（撮影:宇佐美ミサ子）

女性も、子育ても終わり孫と話したい、再度勉強したいということのようであった。女子大では国文を専攻したようだったが、卒業し家庭の主婦となったが、勉強したいので入学したと話されている。三〇代の男性は、高校の教師。年齢など全く無関係。こだわる私がおかしい。要は学ぶ意欲である。法政大学は「自由」と「進歩」の学風で、創立以来、この建学の精神は不変で、すでに、この時期、大学院は「開かれた大学」であったのである。昼夜を通して開講するなど弾力的で、むしろ社会人にとっての「学びの場」であったと思われる。

4　総合女性史研究会（現女性史研究学会）の成立

大学院での私の専攻分野は、近世交通史（宿駅制度）であった。交通史を専攻したのは、私の居住する小田原が東海道の宿駅であったことが第一の理由ではあったが、法政大学文学部史学科には、交通史関係の著名な教授が講義されていたことや、交通史専攻の大先輩、畏友たちが在籍していたことで、私は、大変恵まれた雰囲気で大学院生活を謳歌した。

丁度このころ、流通経済大学教授林玲子先生（故人）が経済史を講義され、私も先生の指導を受けた。その折、先生から女性史研究会を設立するので、一緒にやりましょうと誘われた。折も折、私は街道の宿駅の史料調査、研究を続けていくなかで、いくつかの問題に直面していた。まず、史料に女性が出てこない点。出てくるとすると、「女郎」「食売り女」「飯盛女」「留女」「客引き女」という文言ばかりで、自立している女性、自由に生きようという女性はどこへ？　農村の史料にも都市の史料にも管見の限り見ることはなかった。例えば、田中丘隅の『民間省要』に「道中の宿々では旅人を留めて給仕する女を食売女といい、この女のいるところは繁盛するが、いないところは衰える」（宇佐美口語訳）と記されているのである。つまり、街道の宿駅には、女性が、旅籠屋に宿泊する旅行者を引きこみ、過剰なサービスをするということなのである。過剰なサービスとは、「性」の提供である。要するに「性売買」の対象として女性は捉えられていたのである。つまり、「商品」。これは、江戸時代に限ったことではなく、近代以降も「公娼」という形で戦後、一九五六年に成立した売春防止法成立まで残存していた。

私は、早速入会し「女性の視座」からもう一度、歴史を見直すことを考えた。私が入会したのは、一九八〇年、「総合女性史研究会」（現女性史研究学会）の発足と同時だった。三〇年以上も経過し、その間、私は、「なにをしてきたのか」と省みると、いささか心許ない。「総合女性史研究会」は、大学の研究者は言うまでもないが、幅広い層からの入会者が多く、地域で地道に研究を志す人びとが集まり、女性の視点から歴史を捉えなおすという研究会で、しかも、原始・古代から、近・現代に至るまで、時代を越えて従来の歴史学の歩みを問い直す作業をすすめてきた。

5　総合女性史研究会の活動

「総合女性史研究会」創立三〇周年記念事業プロジェクトチームの編集による『時代を生きた女たち』（総合女性史研究会編、朝日新聞社出版、二〇一〇年刊）のまえがきに、つぎのように記されている。

「二〇一〇年は本研究会が設立されて三〇周年の節目」の年であること。会は「全国からさまざまな職業に携わり、古代から現代まで、時代を越えて女性史研究を志す人々」が集まって絶ゆまず研究を続けていること。そしてこれからの活動が、従来の歴史研究や歴史教育を問い直し、その成果が「歴史教育の場」に浸透させ、あるいは、「女性史の裾野」を広げる努力を惜しまなかったこと。三〇年間に本会は一〇周年目に『日本女性の歴史』三部作、二〇周年には史料集『史料にみる日本女性のあゆみ』（吉川弘文館）を刊行、三〇年目の二〇一〇年には前出『時代を生きた女性たち　新日本女性通史』が刊行されている。

「総合女性史研究会」の発足と時を同じくして、小田原にも「女性史を学ぼう」という動きが持ち上がった。

6　小田原市域における女性史研究の動向

戦後、小田原市域における女性史研究は前述したように、社会教育係長であった市川泰子（故人）が、社会教育推進という立場から「女性史講座」を企画。私も二、三興味深い講座を受講した。鈴木裕子氏と加納実紀代氏の講義は印象的であった。

これが契機となって小田原市域では「女性史を学ぼう」という動きがあちこちで見られた。ここでは、当地域における、戦後女性史研究について、私自身が所属関係した研究会について触れてみたい。現在、私は「小田原女性史研究会」（代表鍵和田ユミ子）に所属し勉強している。

当初、本研究会結成のモチベーションは、地域の女性の歴史を学びたいという、極めてファジーなものでしかなかった。当時、私たちは「今なぜ女性史か」など、女性史を学ぶ目的や問題意識は希薄であった。それが三〇年も持続するという事実に、安易に仕掛けた私自身戸惑いを感じつつも、代表はじめ、会員の「地域女性史」を新しい視点から問い直し、掘り起こそうという営為に、私は大いに啓発され、「学ぶことの意義」を改めて認識したのである。

しかも、これは決して「空疎な学習」に留まらず、それぞれ個々の生活体験から派生的に起こり得る諸々の矛盾に挑もうとする真摯な姿勢と「学び」の世界を通しての個の存在感、自立することを明示したいという願望があったからだと考えられる。研究会に集まった人たちは、二〇代から五〇代までの女性で、世代的には戦争体験者から戦争を知らない戦後生まれの人たちまで幅広く、それぞれ歴史に対する問題意識も異なるが、「学ぶ」「学びたい」という点では、全員が共通に認識していたと思えるのである。

会として本格的に発足したのは一九八一年で、会員の総意で名称を「小田原女性史研究会」、代表鍵和田ユミ子氏を選出した。以下、研究会発足から今日に至るまでの経過を踏まえて、大まかに解説していこう。

集まった仲間の問題意識・関心はどこにあるのか、という素朴な疑問から本会は出発した。このことは、それぞれ個々に抱いていた共通の問題意識で、自分自身の生活体験が原点となっている。確固たる展望もなかったが、ある一定の方向性を見つけ、そこから学ぶという方法を選択し、毎月一回の例会で、歴史に関する著作に触れ、歴史認識を深めようということに落着した。つまり、もっとも基本的な方法である。

当初、勉強会に使用したテキストは、米田佐代子著『近代日本女性史』上下（新日本史新書）である。とりあえず会員がレポーターとなり、各章ごとに報告し、ディスカッションするという方法をとった。米田氏の著書は、模索中の会員たちに、ある一定の方向づけを示唆してくれたと言ってよい程、鮮明でうってつけのテキストであった。米田テキストは、二、三年かけて学んでいる。

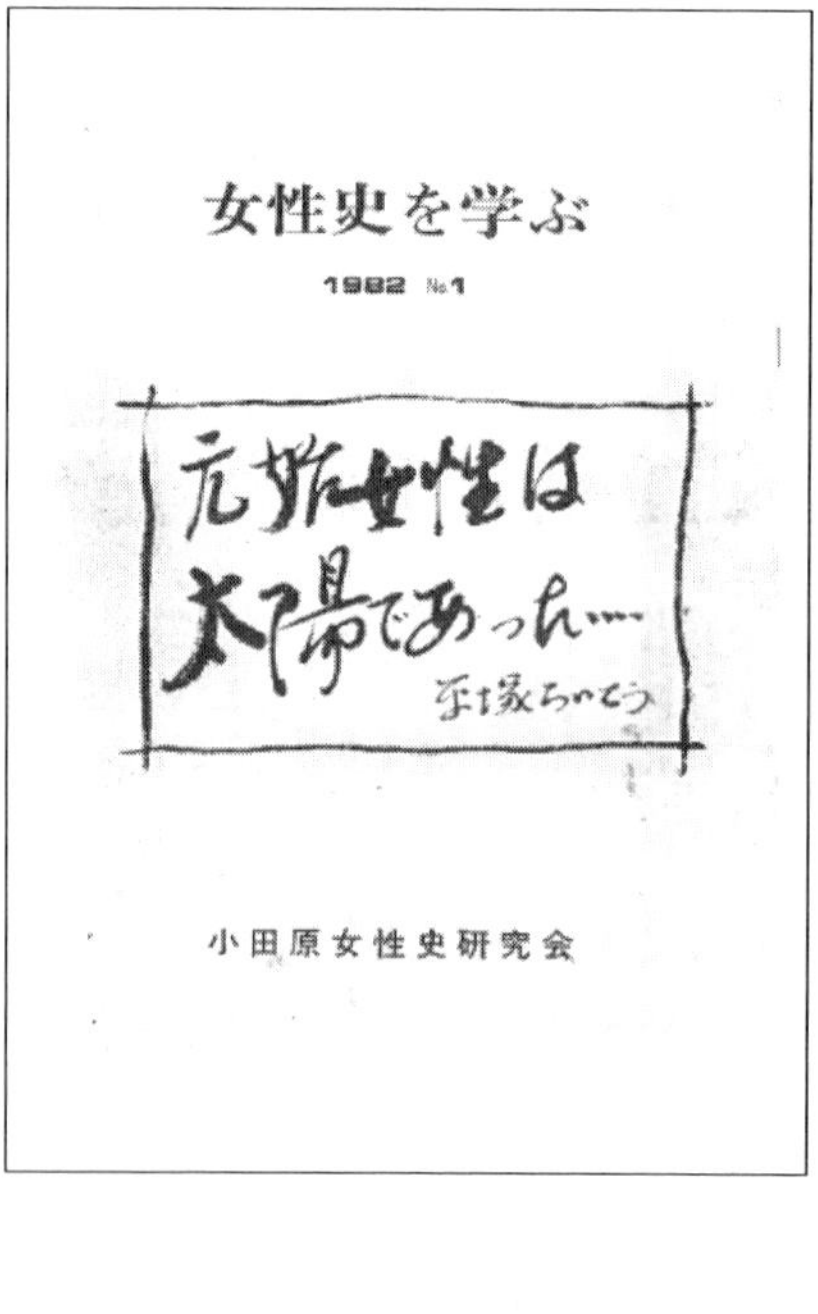

米田テキストのあとは、遠山茂樹・今井清一・藤原彰著『昭和史』新版岩波新書（一九八三年刊行）である。内容の難解さを克服しつつ精読した記憶がある。本書によって、私たちは昭和の時代状況を系統的・概説的に学ぶことができたのである。それというのも、私の世代は歴史ではなく「国史」、しかも大日本帝国の侵略の歴史であり、昭和の歴史を徹底的に骨の髄まで、たたきこまれたのである。また、私の世代の次世代の会員は、大学受験のための勉強に追われ、近代以降の歴史はまともに学んだことはなかったということで、本書もまた、米田テキストに勝るとも劣らないものであった。

本書のはしがきで、「（略）なぜ私たち国民が戦争に巻き込まれ、押し流されたのか。なぜ国民の力でこれを防ぐことができなかったのか（略）」（初版）と、私たち読者に問いかけている。この問いかけは、それぞれの会員によって受け止め方がかなり異なっているが、戦争を推進しようとした国家権力と、これに抵抗する力の対立に視点をすえ、一貫して歴史を叙述している本書の姿勢に私たちは魅せられ、乏しい理解力しか持ち合わせていなかったにもかかわらず、真摯にレポートした経過が想起される。

『昭和史』（旧版）については、一九五六年に亀井勝一郎の痛烈な批判が『文芸春秋』に掲載され、亀井の批判は多くの人びとに注目された。亀井は『昭和史』の記述について、「人間不在の歴史である」と批判し、そのことが歴史認識の大きな課題として、歴史学者は言うまでもないが、文学・政治学・思想・哲学・芸術を学ぶ人びとに投げかけられ、大きな論争になった。しかし、私たち小田原女性史研究会にとっては、戦前・戦中・戦後の歴史を踏まえて、だれが戦争を起こしたのか、戦争を起こした権力の戦争責任を明らかにして欲しいという願いから、本書を読み解くことに集中したのである。

今、昭和史論争については歴史学者の間で、「同時代の文脈」と「近現代の長い歴史」（大門正克）の視野から、論争の「歴史的位置」を問い続けている。私はいまあらためて、当時の小田原女性史研究会の記録を読み返している。

つぎに、テキストとして使用した著書は、永原和子・米田佐代子共著『おんなの昭和史』（有斐閣）である。『おんなの昭和史』は、前述の『昭和史』と異なり、『おんなの昭和史』が私たち会員にとって身近なものであり、女性のパイオニアである両氏の執筆でもあることで、会のテキストとして、真っ先に選書した一冊でもあった。この著書で私たちは、昭和という激動の時代を生き抜いた女性の生活、戦争に駆り出された女性たちの様相が生々しく語られ、共感したり疑問を持ったりと、頁をめくるたびに新たに心ひきしまる思いで読解した。この著書から、それぞれ個々に「なぜ戦争を防げなかったのか」が、戦時下という尋常ではない状況であったとはいえ、大きな課題として残った。戦中派である私は、この著書から女性の戦争責任を問うことになっていったようにも思う。

以上、紙数の関係で三冊のテキストに絞ってコメントしたが、『日本女性の歴史』ほか数冊にわたりテキストとして使用、学習している。いずれも、本会が刊行した『学びの道程』三〇年記念誌にまとめた。

ここで、若干解説しておきたいことは、古文書の講座である。これは、会員は言うまでもないが、多くの市民から、古文書の講座を計画してほしいという要望が本研究会に寄せられ、前近代史の勉強会を持とうということになった。そして、前近代史、つまり江戸時代の人びとの生活が描かれた古文書を解読することに集中。市民に呼びかけると、県内の方々も集まり、ＮＨＫ学園の油井宏子講師の指導を受けた。油井講師は、著書の中から、数冊のテキストを選択され、難解な文字の読み方・内容・背景などを、身振り・手振りで、古文書の楽しさを教示された。使用したテキストは、油井宏子著『古文書はこんなに面白い』（柏書房、二〇〇五年刊行）、同『古文書はこんなに魅力的』（同、二〇〇六年刊行）、同『江戸時代が大好きになる古文書』（同、二〇〇七年刊行）などであった。受講者の中には、これで曲がりくねったニョロニョロの文字が読めるようになったら、博物館の展示は素通りしないで読めると、古文書を読む楽しさを実感したようだ。油井氏は数回にわたり、小田原で古文書の講座をされている（この項、『学びの道程』（小田原女性史研究会刊　宇佐美解説から））。

さてつぎに、八〇年代の女性史ブームと、研究会の動向について、再度、具体的に述べることにしよう。「井上女性史」ブームは戦後からしばらく続いたが、「女性解放」という視点から、生活史ブームが一九七〇年代ごろから隆盛し、山崎朋子著『サンダカン八番娼館』（筑摩書房）が一九七二年に刊行され話題となった。周知のように、本書の作者である女性史研究家の山崎朋子氏が、元海外売春婦であった天草の山川サキの自宅に泊まり込み、インタビューをし、まとめたもので、この著書はオーラルヒストリーの先駆的な書であること、また記録文学としても有名になっていた。

この著書は一九七四年に熊井啓監督「サンダカン八番娼館・望郷」という題名で映画化され、故田中絹代（故人）主演で多くの観客を沸かせた。私は、元娼婦を演じた田中絹代の演技に魅せられ、スクリーンを食い入るように見つめていたことは記憶に新しい。また、インタビュア役で出演している知的な女優栗原小巻に見惚れて、スクリーンに釘付けになっていた。そこで、私たち会員の間で、山崎朋子氏の著書の影響を受けたかどうかは定かではないが、文献の勉強会と併行し、文献では明らかにしえない「あたりまえの女たち」「ふつうの女たち」の体験を聞き書きしようということになった。

このような微妙な変化は、決してパラダイムチェンジという大げさなものではなかったが、地域の人びとの聞き書きをしようということに会員の意見が一致した。会員の中には、「そういえば、家の仏壇の隅に、祖母が毎朝手を合わせていた仏像がある」「朝飯は、タクワンと麦飯だったが、それでも九〇歳過ぎて野良仕事をしていた」など、話題に尽きることはなかった。私の亡母も「香の物と味噌汁と麦飯で、卵と尾頭付きの副食は祭りの日」のみであったと話していたことが思いだされる。要するに「ハレ」の日の庶民の喜びの日なのである。私自身幼少のころ、雛祭りや端午の節句など、美味なご馳走が食卓に並び、家族で食膳を囲んで幸せを噛みしめていたことを思い出す。

ともあれ、オーラルを試みることになり、左記の七人の方々の聞き書きを実施した。女性四人、男性三人、全員九〇歳以上の方々である。七人の方々はすでに鬼籍に入られている。井上正子さん、小峯キクさん、舟越ふさゑさん、浜田糸衛さん、相田重夫さん、相沢栄一さん、島本恒さんである。

私たちは、聞き書き調査の前提として、「激動の昭和を生きた方々」ということでインタビューを試みた。七人の方々を取り上げたのは無作為で、意図するものはなかった。

聞き書きプロフィール

●井上正子

一九〇一年、横浜に生まれる。旧制師範学校を卒業し、小学校の教師となる。画家井上三綱と激しい恋をし結婚。芸術に情熱を傾け、生涯、芸術家として美の追求に余念なく、主体的に生き、ユニークな人生を過ごす。

●小峯キク

一八九二年、小田原に生まれる。オーラルを試みたころ、一〇〇歳に近い年齢ながら記憶は確かで青春時代のころを雄弁に語った。町立小田原高等女学校（現県立小田原高校）第一回の卒業生。小田原の老舗ちん里うを継ぐため良妻賢母教育を受ける。男尊女卑に反発、経営学、文学、短歌など、独学で習得。生涯、向上心に燃えていた。

●舟越ふさゑ

一九〇四年、豊岡に生まれる。お目にかかった時、凛とした容姿に心がひきしまった。出石藩士の士族・舟越家に嫁ぎ、三男二女を出産。明治時代の典型的な良妻賢母である。夫・長男をアジア・太平洋戦争で失い、戦後は、市井の一人の未亡人として家庭の主婦として生きる。

●浜田糸衛

一九〇九年、高知に生まれる。女性の自立、解放運動、平和運動に力を傾注。戦前・戦中・戦後を通して、体制への批判、「草の根」運動を立ち上げ、「日中友好協会」の基礎を構築。一九四五年三月、日本で国際婦人デー実現のため、「婦人団体協議会」を結成。高良トミ氏（参議院議員）とソ連（現ロシア）へ入国、続いて中国訪問、朝鮮戦争終結大祝賀会に出席するなど、生涯、女性解放、平和運動に尽くす。童話作家としても有名。『あまとんさん』の童話はベストセラーとなる。

●相田重夫

一九一七年（?）、中国重慶に生まれる。少年時代、旧満州で過ごす。ハルピン学院卒業。旧満州鉄道に入社。敗戦で退社。ソビエト連邦の捕虜となり強制収容所に収監。厳しい労働に従事。幸いにもロシア語が堪能であったので通訳となる。日本へ帰国後、東京大学文学部史学科に編入。ロシア史を専攻。東海大・学習院大・横浜市大講師。小田原市域を中心にロシア文学研究会等主催。『シベリア流刑史』（中公新書）、『ロシアの光と影』（講談社）はベストセラーとなる。

●相沢栄一

そば処「田毎」と言えば、小田原市域の人びとで知らない人はない。小田原のお堀端通りの手打ちそば処の経営者。小田原城見学の観光客は、必ず昼食に手打ちうどん、そば、その他諸々を賞味。相沢は、小田中（現県立小田原高校）を卒業すると家業に就く。相沢は大変な読書家で、戦前・戦中・戦後と一貫して小田原市域で社会主義文化活動に取り組む。西湘地区プロレタリア作家同盟を結成。三・一五事件で特高（旧特別高等警察）に逮捕される。戦後は、俳優座・文学座に通い詰め、私も劇場でよくお会いした。

●島本　恒

「美容院モナミ」の経営者。小田中・専修大へ進学。大学在学中に小田原市域で社会主義文化活動に手を染め、相沢らとプロレタリア作家同盟を結成。社会主義文化活動のため、各工場へオルグをし、労働者解放運動を展開。三・一五事件で特高に逮捕され、厳しい獄中生活を体験。戦前発行した同人誌『湯の香』『ハッピー』は、資本家と労働者のテーマにアプローチしているが、現在不明。『ハッピー』の表紙のみ保存されている。戦後は小田原市内でプロレタリア文学運動の普及に努める。

オーラルは、昔の体験を語るので、そこに感動がある。語る者の心と聞く側の心が「あ」「うん」の呼吸で合致する。「それで」「どうした」「まあお茶を一杯飲んでから」語りは始まる。オーラルは、歴史の貴重な証言であり、歴史の追体験を可能にし、歴史の再構成をヴィヴィットにする。そこに人間が生きている。時に悲しみや怒る人びとも存在するのだ。

地域女性史を志向する私たちは、これからも文献を読み、歴史学的知見を得ることと併行し、体験者からの聞き書きを継続していく。

つぎに、本会は一〇年をエポックとして大きな企画を樹立した。講座・講演である。

一〇周年記念の講演会は、原始・古代から現代に至るまでの歴史の流れのなかでの女性の生き方について、それぞれの専門の研究者に一九九二年九月を皮切りに、翌九三年二月まで六回にわたり講演をお願いした。講師の方々は以下のとおりである。

原始・古代　義江明子　帝京大学助教授（現同大教授）
中世　服藤早苗　横浜国立大学講師（現埼玉学園大学人間学部部長）
近世　菅野則子　一橋大学助手（元帝京大学教授）
近代　米田佐代子　山梨女子短期大学教授（らいてうの家記念館長）
現代　永原和子　明治大学講師
国際社会　平井文子　アジア・アフリカ研究所研究員

この講演会には、毎回一〇〇人以上の参加者があり、マスコミは六か月間も続行する企画は稀有であると大々的に報道した。

丁度この時期、子育ても終わり、「学ぶ」「学びたい」という三〇代から六〇代までの女性たちのニーズに合致していたのかも知れない。熱心にメモをとり、真剣に聞き入る受講生。ちらほらと中・高生の姿も見え、頑張っていたのも当時としては珍しい光景であろう。

一〇周年記念講演会の講義内容は、『明日を拓く　歴史の中の女たちからの問いかけ』（教文社、一九九四年刊）に整理され刊行している。この講演会には、参加者の声が多く寄せられた。

これを契機に、研究会では特別講座・講演会を実施した。テーマと講師はつぎのとおりである。

「一九三〇年代の社会と女性」　牧瀬菊枝（故人）　女性史研究家

「女性史の学び方」　早川紀代　慶応大学講師（現総合女性史研究学会代表）

「イギリスの女性の生き方」　長野ひろ子　中央大学経済学部教授

「江戸時代の女性の旅」　柴桂子　女性史研究家、桂文庫主宰

「平和と平等の世界をめざして」　永原和子　明治大学講師

なお、特別講演会は、歴史小説家永井路子先生である。

既に、鬼籍に入られたが、牧瀬菊枝講師は、ご自身の体験を通して、一九二〇年代〜三〇年代の昭和恐慌期の暗い世相をバックに、大正デモクラシー以降、構築されつつあった女性の自立の夢が砕かれていく状況を話され、次第に女性が侵略戦争へと巻き込まれていくプロセスを平易に解説、感動的であった。

私たちは、知識として戦前の歴史を追うことはできるが、体験者からのお話を拝聴するのは牧瀬さんが最初だった。「戦争はいや。バカを見るのは女性ですよ」。懇親会での牧瀬さんの言説、忘れるこ

とはない。

早川紀代講師は、女性史を学ぶ意味、女性史の課題と問題点、女性史の今後の展望など多くの地域の事例、資料を中心に学問的に話され、私たち会員は、大学で講義を受けている感覚で拝聴した。早川講師の学問的方法論は、私たち会員にとって、今後の学習の方向性を示唆し、学習のあり方を考える上でのよい機会となったことは言うまでもない。

長野講師は、イギリスを中心とした女性史の動向について講演された。在外研究員としてロンドン大学で研究され、広い視野からご当地でのプライベートの失敗談など、楽しいお話を交えながらのひとときであった。長野講師の講演は、ジェンダーという新しい視点から、欧米諸国の研究状況を主に、ジェンダーの持つ多様性、可能性を平易にコメントされ、今後の女性史研究のジェンダー分析の必要性を指摘された。長野講師のジェンダー論については、受講者からも「社会的・文化的な性別の構造解明が女性史を学ぶ視点だ」という共感の声があがり、参加した意義があったように思われる。

柴桂子女性史研究家は、『江戸時代の女たち』の著書の「はじめに」で、つぎのように記している。軍人家庭に育った柴講師は、幼いころから「女だから」「女のくせに」ということばで、いろいろ言動を制限された。そして「どうして女なんかに生んでくれたの」と、不服を言っていたという。良妻賢母を理想とする日本はおかしいとさえ思った。柴講師のこの思いは、江戸時代の女性と連動する。

柴講師は、通説であった江戸時代の女性の地位の低下にメスを入れ、女性の旅を通して自立する女性、アクティブに行動する女性について、全国を歩き、女の旅日記の分析を試み解き明かした。

永原講師は、小田原女性史研究会の三〇年を記念し、「平和と平等の世界をめざして　女性史の視点から」というテーマで講演された。永原講師は戦争体験者でもあり、戦時下の女性の生活、女性の戦争参加、戦争責任論を、国防婦人会などを通してファシズム体制を支え組織化されたことの意味について、詳細にお話されたことが印象的であった。つまり女性は、ややもすれば被害者意識が先行するが、そうではないという事実をじっくり思考すること、そして女性の真の自由と平等、平和の課題を追求された。

特別講演として小説家の永井路子先生をお招きすることができたが、企画の段階ですでに申し込みが殺到し、私たち会員は嬉しい悲鳴をあげ人数制限に戸惑った。というのも、永井先生は少人数（三〇人くらい）の方々とじっくり女性の自立や女性史の持つ課題について話し合いをするという意図で、多忙にもかかわらず快諾

30周年記念誌

20周年記念誌

してくださったのである。ようやく、申し込み数を限定して講演を拝聴することができた。

「一人の英雄が、歴史を動かすのではありません。多くの庶民が歴史を支え、社会が変わるのです。権力の実態をしっかり見ることです。女性が歴史をどう変えていったか。歪められた歴史を私たちはしっかり学び、どう生きたらいいのかを考えたいですね」

一時間半の講演のなかで、『吾妻鏡』などの史料を中心に、中世・戦国の女性たちの生き方について話された。永井先生の思いは、「これまでの歴史人物像を見直し、男性中心の歴史に鋭いメスを入れることで歴史は変わる」と述べられ、受講生たちは感動した。永井先生の著作をまだ一冊も拝読していなかったというある受講生は、即、書店にかけこみ、『炎環』『北条政子』『氷輪』、その他数冊を購入したと、私宅に電話してきた。

小田原地域の人びとは、永井先生には特別に親しみを持ち、永井ファンが多い。それも、永井先生の気さくなお人柄によるものだろう。そういう私も大ファンなのである。

以上、小田原女性史研究会が中心となって企画・主催した記念講演会の概略である。紙数の関係で、粗雑な紹介になってしまったが、ご海容いただきたい。さて、つぎに小田原女性史研究会と地域の交流について話を進めていこう。

本研究会は、行政の取り組み（男女共同参画課）に賛同し、「わたしらしく」生きられる社会や家庭を願い、かかわってきた。取り組んできた主なことは、児童虐待・障がいを持つ方の人権、セクシャルハラスメント、ＤＶなどである。

その他、特筆すべき事例としては、「史の会」（女性史研究家江刺昭子代表）の主催するシンポジウム・女性史講座では、小田原女性史研究会は報告者として参加している。「史の会」は一九八八年、神奈川の近現代の女性史の学習を目的に発足した研究会で、神奈川県の女性史研究の足跡は目覚ましい。代表の江刺さんには、本研究会も、学習の進め方・研究の方法について、折に触れて指導、助言をいただいている。

さて、外部団体への参加として、「全国女性史交流のつどい」がある。一九八三年八月六日、七日の二日間にわたって開催された東京・神奈川の大会には、本研究会からも実行委員を選出し、会員が活動を展開してきた。

「全国女性史交流会のつどい」は一九七七年、名古屋で「愛知女性史研究会」（伊藤康子代表）の主催で開催され、以降、第二回が北海道、第三回東京・神奈川、第四回愛媛、第五回沖縄、第六回山形、第七回神奈川、第八回岐阜、第九回新潟、第一〇回奈良、第一一回が東京で実施され、いずれも会員が参加している。第三回に続き、第七回の神奈川大会のテーマ「新ミレニアムへの伝言」でも、本研究会は、実行委員として精力的に参加し取り組んできた。

なお、神奈川県立女性センター開館五周年を記念して『夜明けの航路』（一九八七年）の刊行に際して、会員が編集委員会の協力委員として、小田原地域の資料収集をするなど、積極的な活動を展開してきた。

第八章　男女同権　ジェンダーの視点から

1　男女同権はほんものか

一九八五年、女性差別撤廃条約を契機に、国内では、法や制度の整備が行われ、一九九九年には、男女共同参画社会に向けて、「男女共同参画社会基本法」が施行された。

この法律は、第三章よりなり、男女が日本国憲法にうたわれた「個人の尊重」と「法の下の平等」の実現がなされるべく、性別に関係なく、「男女」が共同で参画社会の形成の促進を目指すということである。そこで、まず本節では、第一章　総則　第一条の条文を読み解くことからはじめたい。

第一条　この法律は、男女の人権が尊重され、かつ社会経済情勢の変化に対応できる豊かで活力ある社会を実現することの緊急性にかんがみ、男女共同参画社会の形成に関し、基本理念を定め、並びに国・地方公共団体及び国民の責務を明らかにするとともに、男女共同の形成の促進に関する施策の基本となる事項を定めることにより、男女共同参画社会の形成を総合的にかつ計画的に推進することを目的とする。

条文に示されたように、第一に、「男女の人権」が尊重されること、第二は、ものごとを確かな目で見、「情勢の変化」に対応できること、「いきいきとした豊かで活力ある社会」を実現するためには、男女が「自らの意思」にそって、あらゆる分野で活動に参加できることである。

しかし、現実を正視してみよう。二〇一四年十月二十八日（火曜日）の「朝日新聞」に、「世界経済フォーラム」の記事が掲載された。それによると男女平等ランキングとして、日本は一〇四位とあり、男女の格差は歴然としている。ちなみに、一位はアイスランド、二位フィンランド、三位ノルウエー、四位スウェーデン、五位デンマーク、一六位にフランス、米国は二〇位、中国は八七位、以下略。日本の順位は、あきれるほどの低い水準である。

政府は、あらゆる分野にわたり、女性の登用を標榜し、二〇二〇年までには女性の指導的地位を占める割合を三〇パーセントにするという（東京新聞　二〇一四年十月八日）が、実態は現実との乖離が著しい。同紙には、各国の様ざまな事例が掲載されている。一例を挙げると、日本において国会議員の女性が占める割合は、一六二位である。比較的高い水準を保っている国は、ノルウエー、スウェーデン、フィンランド、デンマークなどの北欧諸国で、続いてオランダ、ドイツ、フランス、英国、米国などの欧米諸国である。数値から見る限り、これでは絵に画いた餅である。

また、パートタイム労働についてみると、労働条件は低劣で、四人に一人はパートタイム労働者であり、圧倒的に女性が多い。しかも、もっとも女性の生活をおびやかしたのは母子世帯である。一九五〇年代から「母子世帯は貧しい」と言われてきた。「東京新聞」（二〇一五年三月二十九日朝刊）によると、一九七八年における母子世帯の年収は一五六万円とある。当時一般世帯の平均は三三六万円で、半分にも満たない。二〇一一年では、母子家庭は三〇〇万円弱、一般世帯は六〇〇万円をはるかに越える。

国はこのような現実をどう捉えているのだろうか。政府は「女性の登用」ばかり金科玉条のように言うが、「戦後レジウムの見直し」「自衛隊」「わが軍」などという以前に、現実のこのような格差を確かな目で見て欲しいものである。

2　小田原市の取り組み

さて、私の雑然とした机上に、『おだわら男女共同参画プラン』（小田原市民部人権・男女共同参画課発行　平成二十三年四月）という八〇頁余りの冊子がある。頁をめくると大変詳細な計画体系で、実現に向けてのアクティブな取り組みが読みとれる。本節では、小田原について、具体的なプランに沿って若干触れていく。

1 計画の体系

	基本方針	施策の方向	取り組み
【目標】男女共同参画社会の実現	Ⅰ　男女共同参画社会のための意識づくり	1　男女共同参画社会実現に向けた意識啓発・普及	⑴　家庭・地域における性別役割分担意識をなくすための啓発活動の展開
			⑵　労働の場における性別役割分担意識をなくすための啓発活動の展開
		2　人権教育の推進と教育・学習機会の充実	⑴　人権意識向上に向けた学習機会の充実
			⑵　学校における男女平等教育の充実
	Ⅱ　仕事と生活の調和のための環境づくり	1　多様な生き方のための支援	⑴　家庭・地域活動等と仕事の両立支援
			⑵　仕事と生活の調和が図れる環境の整備
			⑶　多様な選択を可能にする学習機会の充実
		2　援助を必要とする男女への支援	⑴　高齢者・障がい者の自立と介護者への支援
			⑵　ひとり親家庭への支援
	Ⅲ　さまざまな分野における男女共同参画の促進	1　政策・方針決定過程への女性の積極的登用	⑴　審議会等への女性登用の推進
			⑵　地域団体等における女性の参画促進
			⑶　行政組織における女性の登用、職域拡大、能力開発などの推進
		2　人材育成と情報の充実	⑴　女性の人材育成のための施策の充実
			⑵　人材情報の充実と活用
	Ⅳ　人権としての性の尊重	1　配偶者等からの暴力の根絶	⑴　DV防止に向けた啓発活動の充実
			⑵　DV被害者に対する相談体制の充実
			⑶　DV被害者の安全確保
			⑷　自立に向けての支援の充実
			⑸　関係機関との切れ目のない連携の強化
		2　異性に対する人権侵害の根絶	⑴　異性に対する暴力根絶に向けた啓発活動の推進
			⑵　被害防止・被害者救済のための相談体制の整備・充実
			⑶　性の商品化や暴力表現の排除の促進
		3　男女の生涯を通じた健康支援	⑴　男女の特性に応じた健康づくりの推進
			⑵　学校における健康教育の充実
	Ⅴ　推進体制の充実	1　推進体制の整備	⑴　「小田原市男女共同参画推進協議会」による施策の推進と管理
			⑵　市民参加による推進管理機構の設置の検討
		2　国・県・他市町村との連携・協力の推進	⑴　国・県・他市町村との連携・協力の強化
		3　関係機関などとの連携と支援	⑴　NGO・NPOや市民団体との協働と支援
			⑵　活動拠点の整備充実

Ⅳ-1はDV防止法に基づく本市の「配偶者からの暴力の防止及び被害者の保護のための施策の実施に関する基本的な計画」に位置付けています。

前頁の表は、小田原市の「男女共同参画社会」の実現に向けての計画体系であり、基本的な施策・取組の一覧である。

では、具体的にどのように取り組んで来たのかについて、ある一年間の活動の記録を辿ってみよう。『'98男女共同社会づくり、市民フォーラム報告集』から述べてみることにしたい。「男女協働社会づくり」に向けて、一九九八年には、二五回もの実行委員会を開催、活動している。例えば、市民からの聞き取り調査はユニークで興味深い。

男性との格差、嫁と姑との問題、子育て、介護、女性の経済的自立など、女性自身がかかえる課題についての市民の意識が一目瞭然である。紙数の関係で省略するが、私が注目したいのは、女性問題情報誌『おだわらの風』である。一九九一年十一月に創刊号が発行され、現在まで続いている。恐らく、これからも未来へ向けて続くと思う（129頁の表参照）。

地方自治体によっては「ジェンダーフリー」という用語は使わないとか、男女の意思決定権を文章化し、条例作成を推進する動きに対して、一方では「男女」の「性別役割」を条文に盛り込もうという活発な動きもある。

いまだに、「男性は外で働き」「女性は内で家事・育児」などという前近代的意識に拘泥する人たちが存在しているのだろうか。二一世紀の化石であっては困る。

「男女共同参画社会づくりに向けての全国会議」に参加して

小田原女性史研究会
湯川　光子

6月25日に東京厚生年金会館で開催された「男女共同参画社会づくりに向けての全国会議」に、女性団体として登録していただいている「小田原女性史研究会」のメンバーのお二人に参加していただきました。この報告を2回にわたり掲載します。会議は基調講演とシンポジウムで構成されていました。今号では基調講演「歩き続ける―私のシネマライフ―」（講師岩波ホール総支配人　高野悦子さん）についての報告です。

講師の高野悦子さんは、良心的な作品のラインナップで、熱心な息の長いファンを掴んでいる東京神保町の映画館・岩波ホールの総支配人です。

少女の頃は海軍、社会人になってからは映画監督になりたいという夢は女性ということだけで破れてしまいます。

パリの国立映画大学監督科を卒業し、帰国後、映画やテレビ界で脚本や演出の経験を積み、上司に監督志望を申し出ますが、当時は男性の仕事であると許されませんでした。

どんなに才能や資質があっても好きな仕事をさせてもらえない悔しさをバネに、まだ全国に女性館主が皆無だった頃に岩波ホールの責任者に抜擢されたとき、ここで潰すようなことになったら「やはり女は駄目だ」と言われる、それは絶対に嫌だと意地で頑張ったそうです。

女性の意見や主張は映画の世界を広げるからと国際映画祭の世話役を引き受けるかたわら、著作活動、講演と活躍は多岐に及びます。

「老いと痴呆」のテーマはライフワークのひとつということで「介護は説得より納得」、「75歳の自分のまだ使われていない60%の脳細胞を呼び起こし、二段三段は無理でも一段一段超えていきたい」と結んだ高野さんの言葉は「何事も諦めない」、「駄目なら別ルートをさがし好きな仕事をする」という姿勢と共に熱いメッセージとして受け止め、自分にとっても一歩を踏み出す力にしたいと思いました。

※シンポジウムに関する報告は次号（17年3月発行予定）に掲載します。

女性問題情報誌『おだわらの風』：特集テーマ一覧

	発行日	号数	テーマ	配布
平成3年度	1991.11	創刊号	新しい男女共同社会をめざして　おだわら21女性プランスタート	各戸配布
	1992.3	第2号	座談会　おだわら女性のひろば　いま　そして　これから	各戸配布
平成4年度	1992.7	第3号	自立　小田原に住むいろいろな年代の声を拾いました	各戸配布
	1992.11	第4号	半分にしませんか?　お宅のゴミ	各戸配布
	1993.3	第5号	わたしが歳をとったら	各戸配布
平成5年度	1993.6	第6号	女性行政室発行　女性問題って何ですか?	各戸配布
	1993.1	第7号	素敵な子育て始めてみませんか「共育」	各戸配布
	1994.2	第8号	座談会　ゴールデン・エイジを生きるには	各戸配布
平成6年度	1994.6	第9号	子供がいる　だからもっと　ねえ、お母さん	各戸配布
	1994.1	第10号	国際家族年　家族のかたち・いろいろ	各戸配布
	1995.2	第11号	自立　あなたは自分が自立していると思いますか	各戸配布
平成7年度	1995.9	第12号	女性の視点で防災を考える	各戸配布
	1996.2	第13号	家の中の平等	各戸配布
平成8年度	1996.9	第14号	私、「嫁」です。嫁と姑のよりよい関係を考えよう	各戸配布
	1997.2	第15号	再就職　自分らしい仕事を見つけよう	各戸配布
平成9年度	1997.9	第16号	高齢者社会　キラっときらめくゴールデンエイジ	各戸配布
	1998.2	第17号	座談会　次世代を担う子どもたちを育てるには	各戸配布
平成10年度（欠番）	1998.9	第18号	それぞれのパートナーシップ　相手の心が見えますか	各戸配布
	1999.2	第19号	おんなの仕事、おとこの仕事	各戸配布
平成11年度（欠番）	1999.8	号外（＊）	女性行政ってなんだろう?	自治会回覧
	2000.1	第20号	2000年新しいことを始めよう！	各戸配布
平成12年度	2001.2	第21号	ドメスティック・バイオレンス	各戸配布
平成13年度	2002.2	第22号	あなたのシルバーエイジは何色ですか?	各戸配布
平成14年度	2003.2	第23号	見られていますよ、あなたの背中～忙しくても助け合っていますか?～	各戸配布
平成15年度	2004.2	第24号	聞いて!!聞いて…女のグチ、男のグチ	各戸配布
平成16年度	2004.12	第25号	どうしてる？よその国、よその家　海外の家庭と社会環境	自治会回覧
	2005.3	第26号	幸せのかたちいろいろ　結婚観の相違	自治会回覧
平成17年度	2005.11	臨時号	「男女共同参画社会づくりに向けての全国会議」報告	自治会回覧
	2005.12	第27号	自分らしく働いています	自治会回覧
	2006.3	第28号	終わりのない旅　心豊かに生きたい	自治会回覧
平成18年度	2006.7	臨時号	登録女性団体って何?	自治会回覧
	2006.8	臨時号	報告　男女女性参画社会づくりのための全国会議	自治会回覧
	2006.12	第29号	時は?なり　あなたにとっての「時」とは何でしょう?	自治会回覧
	2007.3	第30号	時は?なり　仕事を持つ女性編	自治会回覧
平成19年度	2007.9	臨時号	報告　男女女性参画社会づくりのための全国会議	自治会回覧
	2007.1	第31号	ワーク・ライフ・バランス　身近なところはどう?	自治会回覧
	2008.3	第32号	ワーク・ライフ・バランス　私たちの社会ってどう?	自治会回覧
平成20年度	2008.8	臨時号	報告　男女女性参画社会づくりのための全国会議	自治会回覧
	2008.1	第33号	小田原で上手に年を取る…	自治会回覧
	2009.3	第34号	いつまでも、自分らしく…	自治会回覧
平成21年度	2009.9	臨時号	報告　男女女性参画社会づくりのための全国会議	自治会回覧
	2009・10	第35号	私らしく、きらめいて　おだわらで自分を磨く	自治会回覧
	2010.3	第36号	みんなの力があつまって	自治会回覧
平成22年度	2010.1	第37号	男女共同参画社会とは	自治会回覧
	2011.3	第38号	男女共同参画社会　未来に向けて	自治会回覧
平成23年度	2011.12	第39号	我が家の男女共同参画社会	自治会回覧
	2012.3	第40号	「さあ、はじめよう！男女共同参画」	自治会回覧
平成24年度	2012.11	第41号	男女共同参画社会とは	自治会回覧
	2013.3	第42号	パパはイクメン?	自治会回覧
平成25年度	2014.3	第43号	「男のキモチ」分かち合えたら幸せ	女性団体、人材ファイル登録者、過去の市民委員、行政施設の窓口のほかに店舗など

注：男女共同参画課・若林利恵さんのアドバイスを受けました。

終章　エピローグ

体験した歴史的事実は重いが、それ以上にその記憶を再生し伝えることは、その必然性を痛感しつつも、私にとっては重いものであると認識している。さて、終章に当たり再び敗戦直後の話しに戻して締めくくりたい。

「民を貴しと為す（孟子）」時代の到来は、日本の社会に嵐のように吹きまくり、私たち世代、いや、私たち世代に限らず日本の国民全体、その渦中に巻き込まれていったのである。国家主義権力の呪縛から解き放たれた国民は、「自由」であることの素晴らしさを実感し羽ばたいた。そこで、一歩、内から外へ目を移して、私を取り巻く周縁の人びと、地域の民衆の動き、そこに開花し展開した文化。私はそこから、どれだけの「知見」を得たことか。

一九四五年の暮れごろから翌年にかけて私は、小田原駅周辺に、薄汚れた筵を敷いて、よれよれの軍隊服に身を包み、ガリ版刷りの三、四頁余の小冊子を売っていた数人の学生らしき青年たちを見かけている。興味もあり、私はそのパンフレットのような冊子を買い求めようとしたら、「食べるものを」

という交換条件が書かれていた。私は、さっそく、昼食のさつまいもと取り替え、読んでみたが、判読に苦しみ、十分な理解はできなかった。が、概ね二〇世紀～二一世紀の日本の進路、未来を論じた文章のようであった。敗戦前後の日本の状況を世界的視野から見据えた言説に圧倒された。恐らく彼らは私より若干年長であったと思うが、戦時下の厳しい言論・思想の統制のなかで、このような思想を持ち続けてきた意志に、私はカルチャーショックを受けた。

ところで、私の不確かな記憶によるが、一九四六年だったかと思うが、当時、小田原在住の帝大（現東大）の学生さんたちが中心になって「理想協会」が結成され、講座が本町国民学校（現三の丸小学校）の講堂を会場として実施された。その内容は、政治・経済・文学・哲学・思想・芸術などの社会科学、人文科学の分野から、自然科学に至るまで、あらゆる分野にわたる一般教養講座であった。

そこで、当時の「理想協会」について若干触れてみたい。実は、私の手元に『小田原理想協会七〇年の歩み』（二〇一五年四月一日　小田原理想協会発行）が知人の布目稔生氏から献呈された。同冊子によると、「協会」は二〇一六年八月に創立七〇周年を迎えるとある。実は、稔生氏の父親（故人）、布目真生氏が、戦前・戦中の軍国主義の反省から、「社会の改革」と「前進」「文化の再生と理想」を掲げ、廃墟の中から立ち上げたのである。私は、第一回の夏季市民講座から第四回まで通して拝聴している。講師とテーマを次表に掲げておこう。

この講座には、多くの市民が集まり会場を埋めた。しかも、世代的には一〇代の少年少女から七〇代くらいまでの幅広い層の市民たちであったと思われる。内容は高度であり、やや難解ではあったものの、私は、これらの講座から「知」の充足感を味わったのは事実であった。

それだけではなかった。小田原地域には、次々と文化運動が芽吹き、繰り広げられていったのである。それは小田原地域におけるルネサンスの勃興というべき様相であったと考えられよう。地域での文化サークルは、五、六人の小さなグループから、労働組合を主体として誕生した三〇〇人以上の団体もあり、規模は様ざまであったが、華麗な文化活動がこの地で展開し、戦後の一時期小田原地域の文化を彩ったのである。戦後の貧しい暮らしに耐えつつ、戦

小田原理想協会夏季市民講座			
第1回			
年月日	講師		テーマ
1947.8.5	木村　健康	東大助教授	自由主義、民主主義、社会主義
1947.8.6	林　健太郎	東大教授	フランス革命とドイツ精神
1947.8.8	野田　良之	東大教授	プラトンにおける理想主義の現代的意味
1947.8.9	末広　厳太郎	中労委会長	最近の労働問題
1947.8.10	三淵　忠彦	最高裁長官	裁判の使命
1947.8.12	今中　次麿	九州大学教授	社会主義実現の条件
第2回			
1949.8.3	横田　喜三郎	東大教授	第三次世界大戦と日本の立場
1949.8.4	猪木　正道	成蹊大教授	世界革命と世界平和
1949.8.5	中島　健蔵		文学における戦争と平和
1499.8.6	高橋　誠一郎	芸術院長	平和国家の生んだ芸術浮世絵
1949.8.8	安部　能成	学習院長	日本の平和的立場
第3回			
1950.8.2	尾高　朝雄	東大教授	民主主義における人間と平等
1950.8.4	渡辺　慧	立教大教授	世界の平和と科学
1950.8.5	阿部　行蔵	都立大教授	宗教と政治
1950.8.8	土屋　清	朝日新聞論説委員	朝鮮動乱と日本経済
1950.8.13	中野　好夫	東大教授	文学と人間
1950.8.14	柳田　謙十郎	文学博士	現代の良心
第4回			
1952.8.5	谷川　徹三	法政大学文学部長	世界平和と日本の立場
1952.8.7	喜多村　浩	都立大教授	現代文化の基本問題
1952.8.8	大内　力	東大社研助教授	日本農業の現状と進路
1952.8.10	磯田　進	東大社研助教授	憲法と破防法

地域の人びとは、精神の自由の「新生」を望んでいたわけである（二〇一〇年四月十日　拙稿『神静民報』より一部転載）。

ところで、戦後の文化活動のなかで、私がかかわった、どうしても忘れてはならないことが一つある。これだけは伝えいきたい。それは、「鎌倉屋大学」。

鎌倉屋大学は一九六〇年代、小田原市域、足柄上・下両郡、相模川以西を含む広範囲の人びとによって結成された市民による市民のための大学なのである。人びとは、幻の大学と呼んだ。大学といえば、常識的に考えて、校舎があって専任教師がいて、学生たちがそこで勉強し、単位を取るというイメージがあるが、鎌倉屋大学は、それとは異なり、入学自由、退学自由、単位もなし、卒業も自由。組織化されず、教育システム、カリキュラムもあいまいで、自由な「大学」であった。

ここは、「学びたい」という人たちだけが集まって創られた「学びの場」であった。鎌倉屋大学は通称「鎌大」と言われていた。企画した有志たちは、教師・会社員・僧侶・主婦・公務員・労働者・農業従事者・芸術家・俳優・看護師・医師たちで、幅広い層の人たちであった。私は、やがて、この大学が長野の自由大学や鎌倉アカデミアのような市民による市民のための大学に発展することを夢みていた。誰もがそう思ったに違いない。「鎌倉屋大学」の内容は、つぎのようであった。

①　名称　　　　　鎌倉屋大学
②　事務局　　　　箱根町湯本六九〇、鎌倉屋旅館内、石内正宣気付
③　キャンパス　②と同じ

相田先生（中央）を囲んで、ロシア文学の会 OB（2009 年 10 月 24 日、小田原宮小路いろはにて。筆者は後列左より 4 人目）

④授業料　なし。但し、レストランでの飲食は自己負担

⑤学長　相田重夫

⑥講師陣　金原左門（近代政治史、大正デモクラシー論）、金沢誠（フランス革命、フランスの文化）、新井信一（国際問題、現代政治論）、相田重夫（ロシアの歴史）、青年座劇団員（現代演劇論）、岩崎宗純（仏教史）、モスクワ大学教授陣（日ソ友好の歴史）、市民（自由課題）

以上の講座内容からみても、ユニークでかつ個性的な大学であったことがわかるだろう。課外授業として、青年座の公演、劇団現代の公演が箱根観光会館で実施された。その他「小田原の史跡めぐり」「小田原城の戦跡」など、西さがみ地域の文化活動を促進させた、と私は自負している。「鎌倉屋大学」は、当時、学生

ツルゲネフの森と称し、相田重夫先生（鎌倉屋大学長・故人）が
ここで常に思索していた（撮影：宇佐美ミサ子）

であった人たちの転勤や海外出張、定年退職など、歳月の流れとともに運営も難しくなり、一応解散したが、「鎌大」をリードしていた富士フィルムの研究所の研究員たちによって、現在でも課外授業は続いている。

学長であった相田重夫先生は、「一人の人間としての存在価値は、自由な発想による学問や文化を学び、本物の『知』を自身にどう生かし、社会や現実をみることです」と常に私たち学生にコメントしていた。

先生は、二〇一〇年二月、黄泉の世界に旅立たれた。享年九二歳。多分、美しいロシア民謡を口ずさみながら、トロイカに乗って浄土を駆け巡っておられるのではないだろうか。

当時を顧みて、相沢栄一（故人）は、つぎのように語っている。

「戦前、私はプロレタリア文学運動に夢中になっていましたが、弾圧され、ようやく、いま解放され、自由の身になりました。いよいよ、新しい民主主義文学活動を始めたいと思っています」（一九八二年小田原女性史研究会での聞き取り調査より）

生き生きと語ったこのことば。この相沢氏の言説に象徴されるのが、戦後の小田原における文化空間であったのである。そしてこれこそ、私たち世代の洗脳された軍国主義思想を解かしてくれたのであると私は考えている。

なかには、徒花のように消えてしまったグループや、自然淘汰されてしまったサークルもあるが、戦後、この地で、小田原という土壌で生まれた文化は、今以って小田原地域に根を張り、息づいているものも多い。

戦後という変革期に起こった文化活動は知の要求を満たし、自由に思考し、自己を表現し得た文化であったと私は認識している。

二十一世紀。

随分変わった。見えない時代である。私は、六八年前のあの恐怖の時代を、ふたたび体験するのはもう懲り懲りである。「戦前回帰」は、絶対に阻止したい。いや、阻止する。

敗戦後の日本の進むべき道は、

・日本はファシズム体制から民主主義体制へと変革すること

・帝国主義強国から平和主義国家へと変わること

・非軍事化の道を歩むことであった。
あの忌まわしいおぞましい戦争の後に、目映いばかりに輝きはじめようとした日本。国民は、トータルなヴィジョンを求めて、だれもが動き出していたのではなかったか。

あれから、六八年が経過した。どうなってしまったのか。

私の友人は「時代は変わったのよ。いつまでも戦後の幻想に惑わされることもない」と、悲観的だが、心底、そうは思ってはいないのである。どれだけの人が、あの戦争で「いのち」を失ったか。どれだけの人が、あの戦争で「恐怖」を体験したことか。同世代の私たちは、認識しているはずであり、友人は身をもって痛感しているのである。

「戦後 regime からの脱却」などといっている日本のトップは、この国の未来を、時代の危機をどう考え、どの道を歩こうとしているのか。私は、あらためて戦後の民主主義という「この道」を Choice し、確かな足取りで大地を歩こうと思っているのに。

〈補注〉

（1）『前夜』　季刊、創刊号は二〇〇四年七月三日刊行。「反戦・反差別・反植民地主義」をかかげて出発する。と創刊号の編集後記に記されている。『前夜』宣言によると「平和」「民主主義」「人権」「人道」「正義」の大切さを強調、知的であることの意味を問う。第一期は、二〇〇七年十二月号までで完結。

（2）田中美代子　小田原市城山在住。現在（いま）九〇歳。私の敬愛する大先輩である。駒田信二・井上ひさしに師事。北原白秋の研究家。「小田原の文学に光と風を送る会」代表。著書『小田原文学散歩』（アルファ刊。平成十三年初版以来、三版、ベストセラー）。白秋の著作多数。

（3）加納実紀代編『銃後史ノート』（ＪＣＡ出版、一九七七年刊）　文中にも記述したように、本書は、毎年定期的に発行。「女たちの現在を問う会」の会誌である。何篇か私の拙文も掲載されている。

加納氏のプロフィール　一九四〇年ソウル生まれ。五歳の時、広島で被爆。京都大学卒業。敬和学園特任教授。『銃後史ノート』を刊行。『女たちの銃後』『女性と天皇制』他、著書多数。私の尊敬する女性史研究家。彼女の原点は、「ヒロシマ」から。

（4）G・H・Q　General Head Quarters　連合国最高司令官総司令部。連合国というが、アメリカの機関で、私たち庶民にとっては、進駐軍の方が、なじみ深く印象的であった。

（5）ダグラス・マッカーサー　恰好のいい背の高い大将という印象。約六年半、日本の占領軍総司令長官として絶大な権力で日本を統治。日本は米国に従属したということより、解放してくれたという印象が、私には強かった。
（6）**東京裁判**　一九四六年五月三日から極東国際軍事裁判が、市ヶ谷の旧陸軍省で開廷された。約二年間にもおよんだ国際裁判であった。A級戦犯は、土肥原賢二、広田弘毅、板垣征四郎、木村兵太郎、松井石根、武藤章、東条英機の七名が絞首刑となった。
（7）**論語**　紀元前四五〇年に成立したといわれる。儒家孔子の言行録。孔子の門人たちとの問答などを記したもの。言行録なので、文章は短文。学而篇が一般的で、私は女学生時代、これだけは毎日のように読んでいた。皆川校長先生の影響だろう。「子曰く」ではじまる、なめらかなことばに魅せられた。皆川校長は郷里に帰られ、農業に従事、間もなく某大学の講師として哲学を教授していたという風の便りがあったが、私にはよくわからない。
（8）田代亀雄経営の古書店「南天堂」は、一九三三年より箱根口で開業している。三八年ごろ、田代は郷土雑誌『安思我里』を創刊。郷土史研究の先駆者である。後『小田原国民文学研究会』などをたちあげ、小田原文学活動の普及につとめた。一九四七年没。田代道弥氏（緑と城を守る会会長）は、亀雄の長男。
（9）**春秋戦国時代**　殷・周の時代のあと、中国の諸国は、弱肉強食の戦いが続いた。紀元前七〇〇年ごろから、紀元前二〇〇年ごろまでで、この間、春秋時代には一四〇、さらに戦国時代にも争いが絶えなかった。奴隷制から地主制へと大きく変革した。戦いに明け、戦いに暮れた動乱を背景に「諸子百家」と呼ばれた思想家たちが輩出、中国古典思想が開花、思想黄金時代であった。
（10）**ヤミ市**　このころ、小田原市栄町、錦通り、小田原百貨店のあった場所。現駐車場となっている。私宅から三分、風向きにより、焼肉の臭いで、茶漬をかき込んだという話題もあった。「目黒の秋刀魚」（江戸古典落語）と類似。現在、私は、当時の食生活を話すとき、必ずヤミ市で賞味した肉についてエピソードを講話する。

（11）戦後、**初の市会議員**となった加藤（故人）は、当初のことをこう話す。

「お手洗いもないので、市に女性のトイレを造るよう申し入れたんです。すると、どうでしょう。男性の議員から、男女同権というのだから、男性便所へ入ればいい。女にだけ優遇することはない、と。私は、苦労しましたね。市長も理解し、ようやく二か所となりました」

中島春子氏も、「このことでは苦労させられました。私は、男女平等、同権に努力を傾注。政治・地域活性化、子育て、教育、男女が協力してやることに夢中で動き回りましたね」と私に伝えた。二〇一五年現在、小田原市議会議員二八名中、女性議員は五名である。

（12）**ベアテ・シロタ**（一九二三〜二〇一三）　一九二三年十月二十五日にウィーンで生まれる。非宗教的ユダヤ人の両親は、外交的な芸術家一家。一九二九年、五歳の時来日。成長期の一〇年間日本滞在。ドイツ語・ロシア語・フランス語・英語が堪能。一九三九年、サンフランシスコのミルズ・カレッジに入学、四三年卒業。四五年十二月東京に来る。G・H・Qの民政局に配属。日本国憲法の草案の基礎を作成する。

（13）**日本国憲法の危機**　いま、憲法は、断崖に立たされている。背中をぐいと押されたら、海底へ。

私は、この拙著の補注を書きながら、日本人の平均寿命をＴＶで聴いた。確か男性が八〇歳、女性は八七歳。私は、即、新聞で詳細を知る。女性は世界でトップ。男性は八位（W・H・Oの発表）。低かったのは、アフリカ諸国。遡って、一九四五年の平均寿命は男子が二三・九歳、女子も三七・五歳。これは「戦争」が原因である。勿論、医療制度、国民の栄養など関係していることは言うまでもないが、「戦争」による人間破壊なのである。日本国憲法９条は、「戦争」はしないと明確に条文として書かれている。戦前回帰を阻止しよう。生かそう、護ろう、憲法を！　地球上から戦争をなくそう。

（14）**文化祭**　一九四六年ころから、文化祭が盛んになった。私の在学した女学校では、学制改革の一年前に、専攻科という独自の学習の場を設置。専門学校（現大学）受験に失敗した人、就職できない人などが在籍、文化祭の企画をたてた。生徒だけで自由に企画。私は文芸部だったので、専攻科の先輩と、詩人永田東一郎にアタック。永田先生は、学校行事だと思い、応接室で待機。校長先生ほか教師たちは、急遽、学校行事として、講演していただくことにした。当時、こんな突飛なことをしていた女学生たちも多かったのである。

当時、O・G、TAKOG、N・Gなどと女学校の名称は略され、O・G、TAKOG、N・Gは、三校共同で、合同演劇でチエホフの「桜の園」や「三人姉妹」、ドストエフスキーの「どん底」などを演じている。

（15）**宮沢賢治**（一八九六〜一九三三）　詩人。一八九六年、岩手県花巻町に生まれる。花巻川口尋常高等小学校のころ、東北地方の大飢饉に遭遇。仏教に傾倒。盛岡高等農林（現岩手大学農学部）卒業。教師となり、次々に詩作。童話、詩、エッセイ、小説を発表。『春と修羅』『風の又三郎』『銀河鉄道の夜』他多数。一九三三年、肺炎で死去。『雨ニモマケズ』は、多くの読者に親しまれている。谷川徹三氏は賢治のことを「賢者」と評している。

雨ニモマケズ
風ニモマケズ
雪ニモ夏ノ暑サニモマケヌ
丈夫ナカラダヲモチ
欲ハナク
決シテ瞋ラズ
イツモシヅカニワラツテヰル
一日ニ玄米四合ト
味噌ト少シノ野菜ヲタベ
アラユルコトヲ
ジブンヲカンジヨウニ入レズニ
ヨクミキキシワカリ
ソシテワスレズ
野原ノ松ノ林ノ蔭ノ
小サナ萓ブキノ小屋ニヰテ
東ニ病気ノコドモアレバ

行ツテ看病シテヤリ
西ニツカレタ母アレバ
行ツテソノ稲ノ束ヲ負ヒ
南ニ死ニサウナ人アレバ
行ツテコハガラナクテモイイトイヒ
北ニケンクワヤソシヨウガアレバ
ツマラナイカラヤメロトイヒ
ヒデリノトキハナミダヲナガシ
サムサノナツハオロオロアルキ
ミンナニデクノボウトヨバレ
ホメラレモセズ
クニモサレズ
サウイフモノニ
ワタシハ
ナリタイ

（16）朝鮮の独立　日本の植民地であった朝鮮。一九四五年、日本のポツダム宣言受諾により、朝鮮は独立し、同年八月十五日、朝鮮国となった。永い間、日本は朝鮮国を侵略していた。遡ること、一〇〇年前、一九一〇年八月、「韓国併合に関する日韓条約」が調印され、日本領土として併合された。

第一条につぎのように書かれている。

第一條

韓国皇帝陛下□《は》韓国全部□《に》関□《する》一切統治権□《を》完全且永久□《に》日本国皇帝陛下□《に》譲與□《する》

明治四十五年八月廿二日

統監子爵　寺内正毅

注　韓国語は読めないので、□は韓国語のため、ルビは、日本文字に訂正。

第二条以下省略

『日本近現史』を参照

以来、大日本帝国主義は、朝鮮の支配権を強化、中国大陸（満州）への侵略のルートとなる。

ちなみに、日本の朝鮮支配に至るまでの概略を提示する。

西暦	事項
一八七五	江華島事件
七六	日朝修好条規調印
八四	甲申改変
九五	日本軍民閔妃殺害
九六	反日義兵闘争起こる

一九〇四　日本、日韓議定書による軍事占領
〇六　統監府開府、初代統監に伊藤博文がなる
〇九　伊藤博文、安重根に射殺される
一〇　韓国併合条約を締結、初代総督に寺内正毅赴任
一二　日本人の集団移民
一九　三・一独立運動起こる
　　　大韓民国政府樹立、朝鮮総督に斎藤実赴任
二五　治安維持法を朝鮮に公布
二六　六・一〇独立万歳運動起こる
二九　抗日学生運動起こる
三〇　反日武装隆起するが弾圧される
三一　万宝山事件
三八　国家総動員法を強制する
　　　皇国臣民の誓詞強要、日本の臣民であることを強要する。
三九　朝鮮人強制連行はじまる。
　　　「創氏改名令」公布、朝鮮名を日本の氏名とする。
四二　徴兵制実施される。
四四　女子挺身隊勤務令を施行し、多くの女性が動員

一九四五　朝鮮解放。独立するも、米ソによる分割占領される
三八度線を境とする
（注　『季刊三千里』（三千里社発行）一九八五年　第四一号を参照）

（17）教育委員会

現在、教育委員会のシステムは、つぎのようである。まず、首長が、教育委員会（委員長）を任命し、教育委員会が教育長を任命し、指揮・監督する。教育長を支える事務局があり、都、道、府、県、市、町、村の教育行政に携わる。それが、つぎのように改正される（案）。

首長→教育委員会
首長→教育長
を任免できる。指導・監督→事務局

戦後、教育委員会法が公布されたのは一九四八年である。教育委員会が地域に設置され、委員は公選制であった。選挙によって選ばれることで、国民の意思が反映された。五六年、公選制が廃止、首長が任命、議会で承認。教育委員会は役割機能を果たしていたが、それが再び改正されるのである。民主主義、教育の中立はどうなるのか。

（18）教科書検定

ここでは、教科書について若干触れておこう。一八七二年、学制が制定されて教科書はあったが、国家が定めたものではなく自由だったようだ。亡父は、『日本外史』（和綴）を「読める?」と私に勧めた（亡父の時代の教科書）。その後、政府は国定にした。

全国の子どもたちは、国家（文部省）の教科書を使用。私の入学した一九三七年には「サイタ、サイタ、サクラガサイタ」が一ページ目に載っていた。私より年長の方々は、「ハナ」「ハト」「マメ」「マス」の教科書だったようだ。私より年少の人たちは「ヒノマルハタバンザイバンザイ」で、軍

人が日本を動かす中心的存在であったころ。太平洋戦争開始前。私が教科書の中でもっとも印象づけられたのは「水平の母」であった。

そして、戦後、教科書は国定から検定に変わり、一九四八年以降、教科書は、教育基本法を基に、教師、教育委員会で、地域にふさわしいものを選んだ。「教科書を教える」から「教科で学ぶ」ことになった。社会科教科書に関していえば、小田原市域は、清水書院発行の教科書が採択されている。「教科書で」ということで、自由に教師は教えていた。

(19) レッドパージ　red purge　共産党員、および共産主義者、その同調者や賛同者は、職場から追われた。アメリカの上院議員のJ・R・マッカーシが中心となって「赤狩り」と呼ばれた反共産運動を展開。全世界にも広がり、日本への影響は大きく、当時、旋風をまき起こした。

(20) 朝鮮戦争　一九四五年夏、朝鮮国は日本の植民地支配からようやく解放された。と、間もなく、三八度線を境に、北側をソ連軍、南側を米軍がバックに内戦がはじまった。一九五〇年六月二十五日、この内戦は、単に「事件」「事変」などではなく、大戦争となり、約二〇か国に近い他国が国連軍として介入した。これにより、冷たい米・ソの対立に発展。一〇〇万人以上の犠牲者が出たという。

休戦の後も朝鮮国は、強固な南・北の分裂状態が続き、今日に至るまで、同民族は、歴史的対立を余儀なくされている。北鮮は「朝鮮民主主義人民共和国」となり、南鮮は「大韓民国」であることは周知の通りである。日本は、「隣の火事」で、「特需」景気が展開、経済が発展したという皮肉な現象を生み出した。日本国憲法に示された「武器は持たない」「永久平和」を推進するはずの日本国は、この戦争のため「武器」を造り「侵略」の後押しをしていたのである。
(21) **勝又正寿**（故人）・**勝又喜美子**（故人）の「勝又会計事務所」が「自立」と「平和」について学習会をたちあげたのは、一九六〇年後半。当初は、「憲法学習」をしつつ、「戦争」と「平和」の問題を会計事務所の所員が学んでいたということであったが、地域に根をおろし、地域の中で考えるという会になり、私たち小田原市民は、自由に参加できた。この会は、市民の心をゆさぶり、引きつけた。「憲法を学ぶ会」へと発展。毎年五月三日には当所の主催で、大々的な講演会が開催され、著名な憲法研究者や文化人、小説家などが来原されている。

〈参考文献〉

小田原地区労働組合協議会編『小田原地方労働運動小史』（一九七七年）
吉見義明『草の根のファシズム・日本民衆の戦争体験』東京大学出版会（一九八七年）
柴田悦子編『女性たちの戦後史』創元社（一九八九年）
総合女性史研究会編『日本女性史論集1～6』吉川弘文館（一九九〇年）
神奈川県教職組合編『神教組四十年史』（一九九〇年）
小田原市教育委員会編『未来　私たちの公民館』小田原市（一九九〇年）

高良留美子自選評論集『高群逸枝とボーヴォワール』御茶の水書房（一九九三年）
粟屋憲太郎・三島憲一・望田幸男・田中宏・広渡清吾・山口定『戦争責任・戦後責任』
朝日選書506　朝日新聞社（一九九五年）
季刊『青丘』青丘文化社（一九九五年）
上野千鶴子『ナショナリズムとジェンダー』青土社（一九九八年）
金子幸子『近代日本女性論の系譜』不二出版（一九九九年）
熊沢誠『女性労働と企業社会』岩波新書694　岩波書店（二〇〇〇年）
高橋哲哉『歴史修正主義』岩波書店（二〇〇一年）
松尾章一『地域と民衆史に学ぶ・歴史学四十一年』ワニプラン・M企画（二〇〇一年）
海老坂武『戦後が若かった頃』岩波書店（二〇〇二年）
米田佐代子『平塚らいてう』吉川弘文館（二〇〇二年）
西川祐子編『戦後という地政学』東京大学出版会（二〇〇六年）
色川大吉『若者が主役だったころ』岩波書店（二〇〇八年）
俵義文『つくる会分裂と歴史偽造の深層』花伝社（二〇〇八年）
西湘教職員組合女性部編『西湘地区教職組合総会報告』（二〇〇八年）
渡辺　治『憲法9条と25条　その力と可能性』かもがわ出版（二〇〇九年）
大門正克『日本の歴史十五　戦争と戦後を生きる』小学館（二〇〇九年）
新フェミニズム批評の会編『3・11フクシマ以後のフェミニズム』御茶の水書房（二〇一二年）

川平成雄『沖縄占領下を生き抜く』歴史文化ライブラリー354　吉川弘文館（二〇一二年）
永原和子『近現代女性史論』吉川弘文館（二〇一二年）
渡辺　治『安倍政権の改憲・構造改革新戦略』旬報社（二〇一三年）
年報日本現代史第18号「戦後地域女性史再考」現代史料出版（二〇一三年）
小野沢あかね『近代日本社会と公娼制度』吉川弘文館（二〇一三年）
吉見義明『焼け跡からのデモクラシー』上・下　岩波書店（二〇一四年）
平井和子『日本占領とジェンダー』有志社（二〇一四年）
岩波ブックレットNo.734『教科書検定』岩波書店
文中に示した文献・史料、注に提示したものは、ここでは省略した。

その他
神静民報・朝日新聞・毎日新聞・読売新聞・東京新聞・神奈川新聞・日本経済新聞・赤旗・宇佐美メモ・日記・キネマ旬報他映画パンフレット・広告チラシなど

宇佐美ミサ子（うさみ　みさこ）　**略歴**

1930年、小田原に生まれる。1953年法政大学法学部卒（通信教育部）。小・中・高の教師を経て退職。1983年文学部卒業。

法政大学大学院人文科学研究科（日本史専攻）修士課程修了。法政大学大学院人文科学研究科博士課程単位取得。1993年、文学博士（法政大学）。専攻：近世史・交通史・女性史・地域史。

開成町史・南足柄市史専門編さん委員、小田原市文化財保護審議委員。

小田原女子短期大学・文教大学女子短期大学部・法政大学文学部兼任講師、法政大学評議員を歴任。法政大学史学会評議員（2013年退任）。

〈主たる著書〉
『近世助郷制の研究』法政大学出版局　1998年（第7回森嘉兵衛賞受賞）
『宿場と飯盛り女』江戸時代双書6　同成社（2000年）
『宿場の日本史』歴史文化ライブラリー198　吉川弘文館（2005年）
『宿駅制度と女性差別』近世史研究叢書32　岩田書院（2012年）
『論集近世女性史』（共著）吉川弘文館（1986年）
『日本地域史研究』（共著）文献出版社（1986年）
『江戸時代の女性たち』（共著）吉川弘文館（1989年）
『日本女性の歴史』（共著）角川書店（1992年）
『近代日本の形成と展開』（共著）法政大学出版局（1998年）
『神奈川の東海道』上（共著）神奈川新聞社（1998年）
『交流の社会史』岩田書院（2005年）
『西さがみ女性の歴史』（共著）夢工房（2009年）
『開成町史』（編著）
『南足柄市史』（共著）南足柄市
その他、辞典、編共著、学術誌掲載論文等多数。

あとがき

本書は二〇一三年に脱稿したものの、刊行するのは面映ゆいので躊躇していた。

実は、知人の池上裕子成蹊大学名誉教授から「八〇歳を過ぎたら、自分史を書いてみたら」と勧められ、その気になったのが本音。ところが、年を重ねても、「自分史」を書くほど、私は豊かな知識も思想もない、ごく当たり前の平凡な人生を送っているのに、「自叙伝」なんてとんでもない。「自叙伝」を書く人、書ける人は、著名人だと思っているところに追い打ちをかけたのが、私の大先輩で女性史研究のパイオニアである永原和子さんであった。「応援するわよ、書くべきよ」と、発破を掛けられた。重い腰を上げて、机に向かったが、「さて、どうするか」と迷った。

そこで、私は、終（敗）戦の日の一九四五年八月十五日を起点として「戦後史」を執筆することにした。「戦後史」といっても「私の戦後史」である。つまり、私自身の体験について筆を起こすことにしたのである。「なぜ、戦後か?」、自問自答してみたが明確な答えは得られない。敢えて理由をつけるならば、一九四五年八月十五日が、私自身の人間として生きる「原点」であるからであり、私という「個」の存在として確かな記憶が辿れるからである。

この日（一九四五年八月十五日）、戦争（十五年戦争）は終わった。この日の歴史的事実は、未来永劫、私の脳裏から消去されることはない。あの戦争は、私の生涯で、これ以上の体験をすることはないだろうという衝撃的な歴史事実であった。戦争を体験した人なら、誰でもがそうである。戦争は、「かけがえのない命」を地獄へ葬り去った。あれから半世紀以上経過しても、未だに、戦争の惨禍は生々しく残され、痛恨の極みである。あの時、世界の人びとは誓った。「二度とこのような戦争は起こさない」と。

あれから七〇年、私たちの住む地球上から戦争は消滅したのだろうか。NOである。

私が、拙著を執筆するモチベーションはここにある。私は、記すことによって自身の生き方、在りようを見つめ直すチャンスと捉え、それはまた、「戦争否定」の論理を構築するためでもある。雑然としている書庫の中の未整理の資料や戦後のメモ、日記などを見つけ、記憶を再生してみたが、誤記もあろうと思われる。

本書は二〇一三年に刊行する予定であったが、大変遅れてしまった。しかも、どういう訳か、これまで私は執筆中、必ず罹患し入院する羽目になる。友人は、「また病院のベッドで執筆?」と呆れかえっている。特に今回は、腰椎圧迫骨折の強烈な激痛に悩まされた。虚弱だからと思うが、神から授かったいのち。大切にし、持続する意思を持とう。友人から励まされると、単純で脳天気な私は、すぐ突っ走り、ブレーキが利かない。ともあれ、何とか刊行することになり、ほっとしている。

本書刊行に際し、飯岡葉子さん（南足柄市郷土資料館学芸員）、加納実紀代さん（敬愛学園大学特任教授）、檜山智子さん（ＮＰＯ法人豊かな地域福祉をつくる会代表理事）、山室美乃さん（ＮＰＯ法人豊かな地域福祉をつくる会理事）には、清書、校正、編集その他で大変お世話になりました。衷心より感謝申し上げます。

なお、今里幸子さん（元教師）、小和田美智子さん（静岡英和学院大学兼任講師）、「小田原女性史研究会」「八・一五を考える会」「革新懇」「小田原憲法９条の会」「＠あしがら」など、代表、会員の方々には、常に私の健康について気を配ってくだされ、また、励ましのお言葉をいただき感謝の念を禁じ得ません。本来なら、所属している方々のご芳名を記すべきですが、漏れることがあっては失礼なので、会の名称のみにさせていただきました。

本書は、二〇一三年四月十五日、「西湘地域自治体研究会」（代表・大須眞治中央大学名誉教授、会報編集責任者・事務局長・小川晃司）主催による年度総会における私の講演「私の戦後史」を元に修正、加筆したものであることをお断りしておきます。

それにつけても、執筆から二年が経過しました。この二年間、時代の流れの速さに戸惑いながら、何とかやって来たものの、先の見えない二十一世紀の渦に巻き込まれ、沈殿したり浮遊したりの日々が続いておりましたが、こんな呑気なことを言っている場合ではないのです。今日ほど、民主主義の危機を感じたことはありません。「戦後レジウム」の見直しをはじめ、様ざまな変わりよう。私たち市民は、手をこまねいていていいのですか。とんでもない。政治権力のトップの座にいる方の「カメレオン」のように変わる発言に黙っていてはいけません。戦後七〇年という歴史の重みを背負い、二十一世紀の本当の姿を追求しようではありませんか。これは、私自身への課題でもあります。

末筆となり恐縮ですが、法政大学大学院後期課程でご指導いただいた故山本弘文経済学部教授、故村上直文学部教授に、本書執筆についてご相談申し上げたら二人とも、

「おー、やるね。ぼくもやるか」

「ぼくは、戦時中の体験は話すが、私も書くよ」

などと話され、刊行を勧めてくださいました。両先生とも、本書刊行前に鬼籍に入られました。謹んでご冥福をお祈り申し上げ、拙著を墓前に供えさせていただきます。

なお、本書刊行に際し、病気がちな私の都合をおおらかに受け止めて、刊行までこぎつけてくださいました夢工房・片桐務様、ありがとうございました。

二〇一五年八月

宇佐美ミサ子

私の戦後史　私的体験を通して

定価　本体価格一五〇〇円＋税

二〇一五年八月十五日　初版発行

著者　宇佐美ミサ子 ©

制作・発行　夢工房
〒257-0028　神奈川県秦野市東田原二〇〇-四九
TEL (0463) 82-7652　FAX (0463) 83-7355
http://www.yumekoubou-t.com
2015 Printed in Japan
ISBN978-4-86158-067-3　C0021 Y1500E